आवाज़

आवाज़

शाइर

अशोक 'मिज़ाज़'

वाणी प्रकाशन

वाणी प्रकाशन का 'लोगो'
विख्यात चित्रकार मक़बूल फ़िदा हुसेन की
कूची से

वाणी प्रकाशन
21-ए, दरियागंज, नयी दिल्ली-110002
द्वारा प्रकाशित

फोन : 0091#11#23273167, 23275710
फैक्स : 0091#11#23275710
ई-मेल : vaniprakashan@gmail.com
vani_prakashan@yahoo.com
वेबसाइट : www.vaniprakashan.com
प्रथम संस्करण : 2006
द्वितीय आवृत्ति संस्करण : 2009
मूल्य : 85.00

आवरण : वाणी प्रकाशन

जय भारत प्रिंटिंग प्रेस, शाहदरा, दिल्ली-110032
द्वारा मुद्रित

AAWAZ
by : Ashok Mizaj

अनुक्रम

ग़ज़ल ग़ज़ल है...

ग़ज़ल ग़ज़ल है इसे हिन्दी या उर्दू ग़ज़ल में विभाजित करना उचित नहीं है। जहाँ तक ग़ज़ल की भाषा का सवाल है तो यहाँ कुछ उदाहरण दे रहा हूँ जो उर्दू शाइरी के बाक़ायदा शुरू होने से बहुत पहले के शाइर जनाब मुंशी प्यारेलाल शौक़ी जो जहाँगीर के अहद के हैं और जनाब राय पण्डित चन्द्रभान बरहमन के हैं, जो शाहजहाँ के दरबार के मीर मुंशी थे।

जिन प्रेम रस चाखा नहीं अमृत पिया तो क्या हुआ
जिन इश्क़ में सर ना दिया जो जग जिया तो क्या हुआ

शौक़ी

ख़ुदा ने किस शहर अन्दर हमन को लाये डाला है
न दिलबर है न साक़ी है न शीशा है न प्याला है
बरहमन वास्ते स्नान के फिरता है बगिया में
न गंगा है न जमुना है न नद्दी है न नाला है

बरहमन

'ज़िहाले-मिसक़ी मुकुन तग़ाफुल, दुराये नैना बनाय बतियाँ'

'अमीर खुसरो' का यह मिसरा देखिये जो उन्होंने आधा फ़ारसी में आधा हिन्दी में कहा है और 'मीर साहब' का यह शेर देखिये,

नाज़ुकी उसके लब की क्या कहिये
पँखुड़ी इक गुलाब की सी है

कुली कुतुब अली शाह का शेर देखिये,

पिया बाज़ प्याला पिया जाये ना
पिया जाये तो फिर जिया जाये ना

यानि यह तय है कि हिन्दुस्तानी शाइरी पहले ही दिन से किसी विशेष अदबी (साहित्यिक) भाषा की होकर नहीं रही है। इसे हिन्दू और मुस्लिम शाइरों ने बिना किसी संकीर्णता के खुलकर अपनाया है और अपनी मनचाही ज़ुबान दी हैं।

दुष्यंत जी का नाम हिंदी ग़ज़ल के साथ इसलिये लिया जाता है कि उन्होंने

ग़ज़ल को सही मायनों में हिंदी का लहजा दिया जो सर्वमान्य हुआ और इसीलिये वो अपने मिज़ाज़ के अद्वितीय शाइर हैं। उदाहरण

हो रही है पीर पर्वत सी पिघलनी चाहिए
फिर हिमालय से कोई गंगा निकलनी चाहिये

और

बाढ़ की संभावनायें सामने हैं
और नदियों के किनारे घर बने हैं

जहाँ तक ग़ज़ल में प्रयुक्त होने वाली बहर (छंद) का सवाल है तो यह बात उर्दू छंद शास्त्र के प्रारंभ में भी लिखी है कि ग़ज़ल की कुछ बहरें अरबी छंद शास्त्र में भी हैं और हिंदी छन्द शास्त्र में भी हैं। उदाहरण के लिये रमल की बहर, इसे हिंदी में हरिगीतिका छंद कहते हैं। मुतदारिक बहर, इसे हिन्दी में तिरभंग कहते हैं। मुतक़ारिब बहर, इसे हिंदी में भुजंग पर्यात कहते हैं।

मूल बहरो में परिवर्तन करके भी जो शायरी हिन्दुस्तान में की गई है वह भी हिंदी छंदों के क़रीब है।

यहाँ मैं व्यक्तिगत अनुभव के आधार पर कुछ बहरों का उदाहरण संस्कृत के छंदों से दे रहा हूँ–रमल बहर की परिवर्तित (मुज़ाहिफ़) बहर है जिसका वज़न है फ़ाइलातुन फ़ाइलातुन फ़ाइलातुन फ़ाइलुन। (यहाँ यह स्पष्ट करना चाहता हूँ कि जिस तरह हिंदी में छंद विन्यास को समझने में यगण मगण की धारणायें प्रचलित हैं उसी तरह अरबी में छंद को समझने के लिए फ़ाइलुन फ़ाइलातुन फ़ऊलुन आदि धारणायें प्रचलित हैं।) उपरोक्त बहर में ग़ालिब के दो शेर देखिये :–

नक़्श फ़रियादी है किसकी शोख़िये-तहरीर क़ा
काग़ज़ी है पैरहन हर पैकरे-तस्वीर का

सब कहाँ कुछ लाल-ओ-गुल-में नुमाया हो गयीं
ख़ाक में क्या सूरतें होंगी कि पिन्हा हो गयीं

संस्कृत का यह छंद देखिये जो उक्त बहर के समान है :–

"मंगलम भगवान विष्णु : मंगलम गरुणध्वजः"

मुतक़ारिब बहर जिसे हिंदी में भुजंग पर्यात कहते हैं इसमें फ़ऊलुन चार या आठ बार इस्तेमाल किया जाता है, के लिए यह दो शेर देखिये :–

सितारों से आगे जहाँ और भी हैं
अभी इश्क़ के इम्तहाँ और भी हैं

इक़बाल

मेरी आह का तुम असर देख लेना
वो आयेंगे थामे जिगर देख लेना

ग़ालिब

संस्कृत का यह छंद तुलसी द्वारा कहा गया है जो इसी बहर में है :–

नमामीश मीशान निर्वाण रूपम विभुं व्यापकं ब्रम्ह वेदस्व रूपम

यहाँ यह बहर विशेष रूप से दर्शाना चाहता हूँ जिसे कामिल कहते हैं इसमें मुताफ़ाइलुन चार बार इस्तेमाल किया जाता है। इसमें मशहूर शेर हैं, उदाहरण :–

न किसी की आँख का नूर हूँ न किसी के दिल का क़रार हूँ
जो किसी के काम न आ सकें मैं वो एक मुस्ते-गुबार हूँ
चली सिम्ते-ग़ैब से इक हवा, कि चमन सुरूर का जल गया
मगर एक शाख़े-निहाले-ग़म जिसे दिल कहें वो हरी रही

यह बहर भी तुलसी के इन छंदों के समान है :–

'सिरी राम चंद कृपाल भजमन हरन भव भय दारुनम'

और

'वन बाग उपवन वाटिका सर कूप वापी सोहहीं'

अब यह बहर देखिये जिसमें अमीर खुसरो का यह मिसरा और संस्कृत का एक छंद जो काफी हद तक समान है :–

'ज़िहाले-मिसक़ी मुकुन तग़ाफ़ुल, दुराये नैना बनाय बतियाँ'

और

कर्पूरु गौरं करुणा वतारं संसार सारं, भुजगेंद्र हारं
सदा वसंतं हृद्‌याल वन्दे, भवं भवानी सहितं नमामि।

इसी तरह हज़ज बहर में जो शेर 'बरहमन वास्ते स्नान के फिरता है बगिया में प्रारंभ में दर्शाया गया था। उसी में कबीर का यह शेर देखिये :–

हमन है इश्क़ मस्ताना हमन को होशियारी क्या
रहें आज़ाद या जग में हमन दुनिया से यारी क्या

कहना यह चाहता हूँ जिस तरह संगीत शाश्वत है और उसके स्वर भारत में स रे ग म प ध नि और विदेश में अपनी सुविधा अनुसार सी माइनर एफ मेजर आदि नामों से पहचाने जाते हैं और इन्हीं स्वरों से तमाम राग रागिनियाँ बनी हैं; हमने अपनी-अपनी सुविधानुसार उनके नाम एवं स्वर विन्यास दिये हैं। अब चाहे शास्त्रीय संगीत हो, रवीन्द्र संगीत हो, अरेबियन संगीत हो या पाश्चात्य संगीत हो, लयों का संयोजन स्वरों के मूल संयोजन के अनुसार ही रहेगा। उसी तरह छंद भी प्रकृति की देन है और छंद शास्त्रों के बनने से बहुत पहले से मौजूद थे और आज भी मौजूद हैं। हमने अपनी सुविधानुसार उनके नाम दिये हैं और सुविधानुसार छंद विन्यास के लिये धारणायें बनाई हैं और उनमें परिवर्तन किये हैं।

यह बात भी सत्य है कि हर भाषा ने दूसरी भाषाओं के अनेक प्रचलित शब्दों

को अंगीकार किया है और समृद्ध हुई है और अब आपसी ताल-मेल के कारण हिंदी, उर्दू और अंग्रेज़ी के प्रचलित शब्द आपस में घुल-मिल कर हिन्दुस्तान की बोलचाल की भाषा बने हैं और अब यही हिन्दुस्तानी भाषा हिंदी और उर्दू के नाम से प्रचलित है। यही जब हिंदी में लिखी जाती है तो हिंदी कहलाती है और उर्दू में लिखी जाती है तो उर्दू कहलाती है।

उदाहरण के लिये बोलचाल का जुमला देखिये :—

"सारी यार माफ़ करना मैं ज़रा सा लेट हो गया"—इसमें दो लफ़्ज अँग्रेजी के या दो शब्द फ़ारसी के आ जाने से ये अंग्रेजी या फ़ारसी नहीं हो जाती; हिंदी ही रहती हैं। उसी तरह दुष्यंत का ये शेर :—

तू किसी रेल सी गुज़रती है
मैं किसी पुल सा थरथराता हूँ

या डॉ बशीर 'बद्र' के शेर :—

ये ज़ाफ़रानी पुलोवर उसी का हिस्सा है
कोई जो दूसरा पहले तो दूसरा ही लगे
और
यहाँ लिबास की क़ीमत है आदमी की नहीं
मुझे गिलास बड़े दे, शराब कम कर दे

ये तमाम शेर अगर देवनागरी में लिखे जाते हैं तो हिंदी कहलाते हैं और उर्दू में लिखें तो उर्दू के हो जाते हैं। वैसे तो सभी पुराने शाइरों की कोशिश रही है कि शेर उस ज़ुबान में कहें जायें जो ज़ियादा से ज़ियादा लोगों की समझ में आ जायें, लेकिन इस मामले में डॉ. बशीर बद्र का नाम सबसे आगे है। जिन्होने ग़ज़ल को ऐसी ज़ुबान दी और ऐसा मुकाम दिया जिससे हम जैसे तमाम नये शाइरों को ग़ज़ल कहने का शऊर मिला। उन्होंने साक़ी, पैमाना, दारोरसन, वाइज़, शेखो बरहमन, काकुल मयकशी जैसे अनेक चले आ रहे पारम्परिक लफ़्जों से परहेज कर नये-नये लफ़्ज और ग़ज़ल कहने के नये-नये अंदाज़ और ग़ज़ल का मेयार कायम रखते हुये नये-नये सब्जेक्ट दिये और ग़ज़ल को एक ताज़ा लहजा दिया।

मैंने ग़ज़ल को मीर से बशीर बद्र तक और शमशेर से दुष्यंत तक महसूस करने के बाद एक ऐसा रास्ता चुनने की कोशिश की है जो इन दोनों एहसास के बीच से होकर जाता है यानि तथाकथित हिंदी और उर्दू ग़ज़ल के बीच सेतु का काम करता है। यही वजह है कि मेरे देवनागरी लिपि में प्रथम ग़ज़ल संग्रह 'समुन्दरों का मिज़ाज़' पर हिंदी का अखिल भारतीय दिव्य स्मृति पुरस्कार मिला एवं 'उर्दू लिपि के ग़ज़लनामा' पर मध्यप्रदेश उर्दू एकाडेमी द्वारा शिफ़ा ग्वालियरी प्रादेशिक सम्मान वर्ष 2001-2002 प्राप्त हुआ। और मेरी कुछ कोशिशें इस ग़ज़ल संग्रह के माध्यम से आपके हाथ हैं।

—अशोक 'मिज़ाज'

एकता के नाम

तेरे आँसू मेरे आँसू

ये आँखों में नहीं रुकते, बहुत हैं सरफिरे आँसू
कि ग़म में भी गिरे आँसू ख़ुशी में भी गिरे आँसू
लहू का रंग गाढ़ा और हल्का हो भी सकता है
मगर ये एक जैसे हैं तेरे आँसू मेरे आँसू

मैं हिन्दुस्तान का मजदूर हूँ

बस इतनी बात पर मग़रूर हूँ
कि शायद मैं तुझे मंज़ूर हूँ

ज़माने के लिये मरहम हूँ मैं
ख़ुद अपने वास्ते नासूर[1] हूँ

पसीने भर कमाई भी कहाँ
मैं हिन्दुस्तान का मजदूर हूँ

निभाना सबके बस का भी नहीं
मुहब्बत का मैं वो दस्तूर हूँ

मेरी बरदाश्त की हद हो चुकी
मैं कुछ करने पे अब मजबूर हूँ

---

1. कभी न भरने वाला ज़ख़्म

वही पत्थर हूँ मैं

ज़ुल्म के सामने तलवार हूँ, खंजर हूँ मैं
आज के दौर का बेबाक सुख़नवर[1] हूँ मै

मुझको हाथों पे भरोसा है लकीरों पे नहीं
लोग कहते हैं मुक़द्दर का सिकन्दर हूँ मैं

तुम किसे पूजने आये हो ख़बर है तुमको
जिसको ठुकराया था तुमने वही पत्थर हूँ मैं

लोग क्यूँ मुझपे उमीदों की नज़र रखते हैं
कोई अवतार नहीं हूँ न पयम्बर हूँ मैं

कोई कुछ पल के लिये मेरे क़रीब आया था
आज तक उसकी ही ख़ुशबू से मुअत्तर[2] हूँ मैं

1. लेखक 2. महकता हुआ

मेह्‌रबानी चाहिये

एक राजा चाहिये और एक रानी चाहिये
कहने सुनने के लिये कोई कहानी चाहिये

खींच कर नदियों का पानी सब समन्दर पी गये
चीख़ती है प्यास हर सू[1] हम को पानी चाहिये

हो गये काग़ज़ के टुकड़े फूल भी मुरझा गये
जिसको सदियाँ याद रक्खें वो निशानी चाहिये

आदमी को आदमी जैसा बनाने के लिये
इस ज़मीं को फिर फ़रिश्ता आसमानी चाहिये

इश्क़ में काफ़ी नहीं है आशिक़ी का ये हुनर
इसमें थोड़ी हुस्न की भी मेह्‌रबानी चाहिये

मीरो-ग़ालिब, ज़ौको-मोमिन, फ़ैज़ो नासिख़ या फ़िराक़
इनको पढ़ने के लिये उर्दू भी आनी चाहिये

इसलिये मुझको ग़ज़ल से प्यार है कि सुन 'मिज़ाज'
दिल लगाने के लिये सूरत सुहानी चाहिये

1. तरफ़

नया इन्क़िलाब माँगा है

किसी सवाल का तुमसे जवाब माँगा है?
कभी वफ़ाओं का हमने हिसाब माँगा है?

मैं अपने चाँद के नखरे उठा के हार गया
ख़ुदा से मैंने अब इक आफ़ताब[1] माँगा है

गरज रहे थे जो बादल वो हो गये ख़ामोश
सुलगती रेत के दरिया ने आब[2] माँगा है

हम अपने जकड़े हुये ज़ह्नों[3] को करें आज़ाद
वतन ने आज नया इन्क़िलाब माँगा है

---

1. सूरज 2. पानी 3. दिमाग

नया कह सकें जिसे

इक्कीसवीं सदी की अदा कह सकें जिसे
ऐसा भी कुछ लिखो कि नया कह सकें जिसे

आधी सदी के बाद भी औरत को क्या मिला
आज़ादिये-वतन का सिला कह सकें जिसे

घुलने लगा है ज़हरे-सियासत फ़ज़ाओं में
अब वो हवा नहीं है, हवा कह सकें जिसे

हमने वतन के साथ बड़ी बेवफ़ाई की
तुमने भी क्या किया कि वफ़ा कह सकें जिसे

शाइरी से हम

ல•ஜ

कहते हैं अपनी बात बड़ी सादगी से हम
फिर भी लगे दक़ीक[1] उन्हें फ़ारसी से हम
होने लगीं हैं हम को मिटाने की साज़िशें
जीने लगे हैं और भी ज़िंदादिली से हम
दुश्मन हमारी ताक में आगे खड़े रहे
पहुँचे कहाँ-कहाँ न इसी रहबरी से हम
हर रोशनी के बाद अँधेरे मिले हमें
डरने लगे हैं आज तो अपनी ख़ुशी से हम
कितनी बची है और यहाँ ज़िंदगी बता
कब तक बँधे रहेंगे भला सरफिरी से हम
मिटना तो है नसीब मुहब्बत नवाज़ का
ज़िंदा रहेंगे फिर भी इसी शाइरी से हम
उनसे 'मिज़ाज' कैसे मिलेंगे बताइये
वो हैं फ़रिश्तों जैसे मगर आदमी से हम

1. कठिन

चिंगारियाँ निकलती हैं

ᘓ•ᘐ

मुहब्बतों में भी दुश्वारियाँ निकलती हैं
वफ़ा के नाम पे लाचरियाँ निकलती हैं

हमारे दिल का हर इक ज़ख़्म भर गया लेकिन
कुरेदा जाये तो पिचकारियाँ निकलती हैं

हमारी राह तो कच्ची सड़क है बारिश की
किनारा काट के सब लारियाँ निकलती हैं

मेरा मिज़ाज भी पत्थर सा हो गया है 'मिज़ाज'
जो चोट खाऊँ तो चिंगारियाँ निकलती हैं

समझ जायें तो कहना क्या है

दोस्ती है कि अदावत है कि गोया क्या है
इन हवाओं का चराग़ों से ये रिश्ता क्या है

आपकी तरहा यहाँ हम भी तमाशाई हैं
किसको मालूम है तक़दीर में लिक्खा क्या है

उनसे कहने को तो कहना है बहुत कुछ हम को
वो इशारों में समझ जायें तो कहना क्या है

ये मुहब्बत है, शरारत है, कि कुछ और 'मिज़ाज'
तेरी आँखों में ये रह रह के चमकता क्या है

जो पानी के पास है

ஐ●ஐ

अपना नहीं है कोई तुझे किसकी आस है
जिसको तू ढूँढता है तेरे आस पास है

कुछ और घूँट मुझको तसल्ली के नाम दे
मेरी ग़ज़ल है तू मेरे अन्दर की प्यास है

सोचे बग़ैर चलने का अन्जाम देखिये
अब वो क़लम उदास है, ख़ँजर उदास है

इन आँसुओं से लहजे को सींचा करो 'मिज़ाज'
ज़िंदा वही है पेड़ जो पानी के पास है

अख़बार की तरह

हर चीज़ तौलते हैं वो बाज़ार की तरह
उनकी दुआ सलाम है व्यापार की तरह

मुद्दे की बात पहले जहाँ थी वहीं रही
आये भी वो गये भी वो अख़बार की तरह

ख़ुशियाँ हमें तो सिर्फ ख़याली पुलाव हैं
मुफ़लिस के घर में ईद के त्योहार की तरह

यूँ सरसरी निगाह से देखा न कीजिये
पढ़िये न मुझको माँग के अख़बार की तरह

चट्टान बन के सामने आये थे जो कभी
गिरने लगे वो रेत की दीवार की तरह

अपना गुरूर छोड़ के मिलते हैं जब 'मिज़ाज'
उनका वजूद लगता है गुलज़ार की तरह

माँ की दुआ चले

कुछ दूर अपना फ़र्ज निभाते हैं सब यहाँ
कब तक किसी के साथ कोई रहनुमा चले

मेरा ग़ज़ल ने साथ निभाया है इस तरह
बेटे के साथ जैसे कि माँ की दुआ चले

आँखों में अब तो पानी ही पानी है रात दिन
बारिश थमे तो और कोई सिलसिला चले

सुनसान हैं फ़ज़ायें तो मौसम उदास है
निकले कहीं धुआँ तो हवा का पता चले

जब दे दिया किसी को तो अपना कहाँ रहा
दिल पर हमारा ज़ोर चले भी तो क्या चले

मेरे अश्आर देखोगे

मेरे लफ़्ज़ों के परदे में मेरा संसार देखोगे
कभी तन्हाइयों में जब मेरे अश्आर[1] देखोगे

दिखाई कुछ नहीं देगा, समझ में कुछ न आयेगा
गुज़रती रेल की जब पास से रफ़्तार देखोगे

मेरे दिल में न झाँको, दिल में क्या है मैं बताता हूँ
मुहब्बत है मुहब्बत में वफ़ा की मार देखोगे?

लिबासो-शक्ल पर जाना नहीं दानिशवरी[2] कोई
मैं समझा था कि तुम आकर मेरा किरदार देखोगे

मेरी आँखों के पानी को न तौलो आँखों आँखों में
समन्दर तो समन्दर है कहाँ उस पर देखोगे?

---

1. शेर का बहुवचन 2. बुद्धिमानी

तन्हाई झलकती है

ຍ•ଔ

अदब की, इल्म की, खिदमत की, गहराई झलकती है
मेरे शेरों में दुनिया भर की सच्चाई झलकती है

वो जब भी बात करता है तो दानाई[1] झलकती है
कभी आयत कभी तुलसी की चौपाई झलकती है

नज़रिया ख़ूबसूरत हो तो दुनिया ख़ूबसूरत है
ख़ुदा के नूर की हर शय में रानाई झलकती है

तेरे चेहरे से तेरी बेबसी का इल्म होता है
फटे कपड़ों से बाज़ारों की महँगाई झलकती है

'मिज़ाज' अपना अकेलापन छुपाने से नहीं छुपता
ग़ज़ल बन कर मेरी बातों में तन्हाई झलकती है

---

1. बुद्धिमानी

पाँसे पलट गये

ஐ●ஐ

काँटे हमारी राह के ऐसे भी हट गये
वो बेल बन के प्यार की हम से लिपट गये

फैली हुई हैं बाँहें ज़माने की आज भी
लेकिन हम आज अपनी हदों में सिमट गये

ऐसा नहीं कि यूँ ही हमें जीत मिल गई
फेंके जो दुश्मनों ने वो पाँसे पलट गये

तेरा ख़याल, तेरी तमन्ना, तेरी तलाश
यूँ ज़िंदगी के दर्द भरे दिन भी कट गये

पत्थर भी आयेंगे

रिश्ते जताने लोग मेरे घर भी आयेंगे
फल आये हैं तो पेड़ पे पत्थर भी आयेंगे

जब चल पड़े सफ़र को तो फिर हौसला रखो
सहरा कहीं, कहीं पे समन्दर भी आयेंगे

कितना गुरूर था उसे अपनी उड़ान पर
उसको ख़बर न थी कि मेरे पर भी आयेंगे

मशहूर हो गया हूँ तो ज़ाहिर है दोस्तो
इल्ज़ाम सौ तरह के मेरे सर भी आयेंगे

थोड़ा सा अपनी चाल बदल कर चलो 'मिज़ाज'
सीधे चले तो पीठ में ख़ंजर भी आयेंगे

अधूरा सा ये घर लगता है

ഊ•ര

बाग़ में नागफ़नी का भी शजर[1] लगता है
ख़ूबसूरत हो अगर ऐब हुनर लगता है

कितनी चीज़ों की कमी अब भी नज़र आती है
जब भी देखूँ तो अधूरा सा ये घर लगता है

अब घरों में ही दुकानों की सजावट हैं यहाँ
अब किसे फ़िक्र कि बाज़ार किधर लगता है

मुद्दतों पहले कोई हादसा गुज़रा था यहाँ
आज तक उसका फ़िज़ाओं में असर लगता है

कोई हल्के से भी छू ले तो ये रिसता है 'मिज़ाज'
भर ना पायेगा कभी ज़ख़्में जिगर लगता है

---

1. पेड़

वो दीवार हो गये

ဢ•ღ

हम लोग अपनी राह की दीवार हो गये
इक दूसरे के वास्ते तलवार हो गये

अब तो बुलन्द और ज़रा हौसला करो
पत्थर जो मील के थे वो दीवार हो गये

तूफ़ाँ में हमको छोड़ के जाने का शुक्रिया
अब अपने हाथ पाँव ही पतवार हो गये

घर को गिराने वाले सियासी मिज़ाज थे
ग़म में शरीक हो के वो ग़म ख़्वार हो गये

परदे की बात परदे पे खुल कर जो आ गयी
बच्चे समय से पहले समझदार हो गये

इतनी ज़रा सी बात पे हैरान है 'मिज़ाज'
काग़ज़ के फूल कैसे महकदार हो गये

महक आती है

रात जब फूल के यौवन की महक आती है
याद मुझको तेरे दामन की महक आती है

रात दिन साँप मेरे साथ रहा करते हैं
मेरे किरदार से चंदन की महक आती है

जब भी पछतावे में आँखों को भिगो लेता हूँ
मुझको पतझर में भी सावन की महक आती है

तेरी तस्वीर को सीने से लगाया जब से
दिल के वीराने में गुलशन की महक आती है

प्यार की बाँसुरी बजती है सदा जिस घर में
बन्द कमरे में भी मधुवन की महक आती है

सागर में है कितना पानी

एक मुद्दत से मेरी आँखों में ठहरा पानी
घर बना ले न कहीं दिल में ग़मों का पानी

दिल से निकली हुई आहें भी बनेंगी बादल
एक दिन टूट के बरसेगा ये जमता पानी

क़तरे क़तरे[1] की ज़रूरत है अभी गुलशन को
और सड़कों पे बहा करता है बेजा पानी

अपने महलों के दरीचों[2] से न देखा तुमने
मेरे मिट्टी के घरौंदे पे बरसता पानी

उसको महसूस नहीं होगी मुक़द्दर की जलन
जिस पे बरसा हो तेरे रहमो-करम का पानी

जो मेरे शेर किनारों से सुना करते हैं
वो नहीं जानते सागर में है कितना पानी

1. बूँद-बूँद 2. खिड़की

रफ़्तार ही पहचान है

ഈ•ഌ

फूल गिर जायेंगे सब पत्ते जुदा हो जायेंगे
जब ख़िज़ायें[1] आयेंगी तो पेड़ क्या जायेंगे

इस मशीनी दौर में रफ़्तार ही पहचान है
धीरे-धीरे जो चलेंगे गुमशुदा हो जायेंगे

चन्द बादल क्या हुये इतना अँधेरा हो गया
इस क़दर बढ़ते धुयें में शह्र क्या हो जायेंगे

अब किसी मरहम का होता ही नहीं इन पर असर
एक दिन ये ज़ख़्म सारे ला दवा हो जायेंगे

कुछ हक़ीक़त और भी परदे के पीछे है 'मिज़ाज'
मैं बता दूँगा तो सब के सब ख़फ़ा हो जायेंगे

---

1. पतझड़

निकल आये

ᘓ●ᘐ

इसी उमीद में हम राह पर निकल आये
यहीं कहीं से मेरा हम सफ़र निकल आये

न तेरी कोई ख़बर है न कोई अपना पता
तेरी तलाश में हम ये किधर निकल आये

पहाड़ियों से घिरे जंगलों में फिरता हूँ
दुआओं जैसी कोई रहगुज़र निकल आये

जो रौंद दी थी किसी अजनबी के क़दमों ने
उसी ज़मीन पे कितने शजर निकल आये

ये चंद फूल ही अब राह की रुकावट हैं
पहाड़ जितने थे हम रौंद कर निकल आये

इसी उमीद में अख़बार रोज़ पढ़ते हैं
हमारे काम की कोई ख़बर निकल आये

पानी का इंतज़ाम करो

ॐ•ॐ

क़दम बढ़ाओ सितारों पे अब क़याम करो
जहाँ सवेरा हुआ था वहीं न शाम करो

गुज़र गया तो कभी लौट कर न आयेगा
जो मिल रहा है उसी पल का एहतराम करो

ये प्यास लगने से पहले बहुत ज़रूरी है
तुम अपने वास्ते पानी का इंतज़ाम करो

ये दिल ये जान ये जज्बात और ये तन्हाई
अमानतें हैं ये जिसकी उसी के नाम करो

ऐसे हम नहीं

ग़म उठाने का भी जिनमें दम नहीं
और होंगे लोग ऐसे हम नहीं

अब दुआओं की ज़रूरत है हमें
ऐसे ज़ख्मों का कोई मरहम नहीं

रुख बदलती हैं हवायें हर घड़ी
आज का मौसम भला मौसम नहीं

चाँद और सूरज का जारी है सफ़र
क्या हुआ जो साथ में हम दम नहीं

शाइराना है तेरा ये बाँकपन
अय ग़ज़ल तू भी किसी से कम नहीं

इश्क़ में ऐसा भी होता है 'मिज़ाज'
तुम नहीं तुम और अब हम हम नहीं

सबकी ज़ुबान तक पहुँचे

मुहब्बतों में हम इस इम्तहान तक पहुँचे
ज़मी को साथ लिये आसमान तक पहुँचे

इक ऐसी राह बनानी है, जो बग़ैर मुड़े
मेरे मकान से उसके मकान तक पहुँचे

सितारे तोड़ के लाने में ये जरूरी है
तुम्हारा हाथ कभी आसमान तक पहुँचे

ख़ुदा करे कि हमारे इक आध शेर के साथ
हमारा नाम भी सबकी ज़ुबान तक पहुँचे

नया आसमान देना है

ಣ•ಡ

हर इक सवाल को पढ़ना है ध्यान देना है
तमाम उम्र हमें इम्तहान देना है

उधार ले के बना तो लिया है लेकिन अब
हमें किराये पे आधा मकान देना है

कभी ख़ुशी तो कभी ग़म हमारे मेहमाँ हैं
हमें सभी को बराबर का मान देना है

हमारे शहर की हालत ज़रूर सुधरेगी
इक एक सिक्का हमें सिर्फ़ दान देना है

नई सदी में पुराने से कुछ ख़यालों को
नई ज़मीन नया आसमान देना है

नहीं होने वाला

ꧫ•ꧬ

रोने धोने से गुज़ारा नहीं होने वाला
रोग ऐसा है कि अच्छा नहीं होने वाला

ख़त जला देने से यादें नहीं जाने वालीं
दिल जलाने से उजाला नहीं होने वाला

रात भर सब्र की चादर में बसर करना है
इतनी जल्दी तो सवेरा नहीं होने वाला

रात दिन देखता रहता हूँ मुहब्बत से 'मिज़ाज'
एक ही ख़्वाब जो पूरा नहीं होने वाला

नज़्रे-ग़ालिब

कोई हर लम्हा मेरी याद दिलाता है मुझे
मैं भटक जाऊँ तो घर छोड़ के जाता है मुझे

नित नये शेर मुहब्बत के सुनाता है मुझे
ग़म तेरा थपकियाँ दे दे के सुलाता है मुझे

दिल मेरा साथ निभाता है मुसीबत में भी
ग़म उठाने के वो आदाब सिखाता है मुझे

आज तक मैंने जिसे रूबरू देखा ही नहीं
बन्द आँखों में वो चेहरा नज़र आता है मुझे

टूट जाती हैं ज़माने की सभी ज़ंजीरें
कच्चे धागों में वो बाँधे लिये जाता है मुझे

फिर मेरे दिल का कोई ज़ख़्म सुलगता है 'मिज़ाज'
हल्का हल्का सा उजाला नज़र आता है मुझे

अपना बना लिया

जीने का बेहतरीन सहारा बना लिया
हमने ग़ज़ल को साँसों का हिस्सा बना लिया

काँटों की धड़कनों को सुनेंगे तमाम उम्र
हमने घड़ी को आज से अपना बना लिया

मंदिर तो दूर घर भी कहाँ रोज़ जा सकें
फिर यूँ किया कि दिल को शिवाला बना लिया

कुछ भी कहे कोई तो बुरा मानते नहीं
हमने अब अपने आप को ऐसा बना लिया

घर में तो अपने फूलों से लिपटे रहे 'मिज़ाज'
बाहर गये तो काँटो में रास्ता बना लिया

दर्द को रिहाई दे

ꣽ•ꣾ

क़लम ग़मों का दे अश्कों की रौशनाई दे
इसी बहाने मेरे दर्द को रिहाई दे

"गिरे पड़े हुये लफ़्ज़ों" को चुन रहा हूँ मैं
हदे-सुख़न की न कोई मुझे दुहाई दे

मैं अपने शेरों में इतना ख़याल रखता हूँ
कहा गया है जो उनमें तुझे सुनाई दे

तेरे बहानों पे मुझको यक़ीन रहता है
भरम न तोड़ मेरा कुछ न तू सफ़ाई दे

नज़र में दिल में फ़ज़ा में ग़ज़ल के शेरों में
जहाँ भी देखूँ मुझे तू ही तू दिखाई दे

कहाँ से आयी?

ये नई बात मेरे मन में कहाँ से आयी
तेरी धड़कन मेरी धड़कन में कहाँ से आयी

दिल की दीवारें तो पत्थर की बना ली मैंने
सोचता हूँ ये ग़ज़ल मन में कहाँ से आयी

मैं उजालों में ही दिन रात रहा करता था
ये सियाही मेरे दरपन में कहाँ से आयी

अब तो वो फूल निगाहों से भी ओझल हैं 'मिज़ाज'
ये महक रात को आँगन में कहाँ से आयी

हवा में शामिल है

नज़र से दूर है लेकिन फ़िज़ा में शामिल है
उसी के प्यार की ख़ुशबू हवा में शामिल है

मैं चाह कर भी तेरे पास आ नहीं सकता
कि दूर रहना भी मेरी वफ़ा में शामिल है

ख़ज़ाने ग़म के मेरे दिल में दफ़्न हैं यारो
ये मुस्कुराना तो मेरी अदा में शामिल है

ख़ुदा करे कि ये उसको कभी पता न चले
कि बेबसी भी हमारी रज़ा[1] में शामिल है

तेरे सुलूक ने जीना सिखा दिया लेकिन
तेरे बग़ैर ये जीना सज़ा में शामिल है

1. स्वीकृति

इम्तहानों में

ℰ●ℨ

थकन का नाम न लो दोस्तों उड़ानों में
बहुत है फ़ासला हम में और आसमानों में

मैं इन पहाड़ों से टकरा के पा गया मंज़िल
तू मुश्किलों को गिनाया न कर बहानों में

क़दम-क़दम पे मुझे आज़मा रहा है कोई
गुज़र रही है मेरी उम्र इम्तहानों में

न बिस्तरों की ज़रूरत न नींद की मिन्नत
अजब नशा है मशक़्क़त की इन थकानों में

ये ख़्वाब एक न इक दिन ज़रूर सच होगा
मेरा मकान भी होगा बड़े मकानों में

ये कौन गुज़रा है पथरीले रास्तों से 'मिज़ाज'
लहू के दाग़ भी हैं पाँव के निशानों में

दुनिया गुज़रती है

ജ•ന്ദ

इक ग़ज़ल हर रात को दिल में उभरती है
आइने में जिस तरह दुल्हन सँवरती है

खिड़कियों को कोई कब तक बन्द रक्खेगा
इस सड़क से रात दिन दुनिया गुज़रती है

चाँद और सूरज बनो तो याद ये रखना
चाँदनी या धूप धरती पर उतरती है

इस चमन में है कहीं इक रात की रानी
शाम होते ही यहाँ ख़ुशबू बिखरती है

कभी भीगता नहीं

कहना तो चाहता हूँ मगर हौसला नहीं
काग़ज़ पे लिख रहा हूँ जो तुमसे कहा नहीं

मैं भी तुम्हारी राह का अदना फ़क़ीर हूँ
इससे बड़ा जहाँ में कोई मरतबा नहीं

नीदें तो टूटती हैं कई बार रात में
इक ख़्वाब है जो फिर भी कभी टूटता नहीं

चाहत पहन के बारिशों में घूमता हूँ मैं
ये वो लिबास है जो कभी भीगता नहीं

दोनों के दरमियान अना हो गई 'मिज़ाज'
मुझको यक़ीं है कोई किसी से ख़फ़ा नहीं

हौसला रखना

ഊ•ഢ

मुहब्बतों में किसी से न कुछ गिला रखना
सिवा ख़ुदा के किसी से न आसरा रखना

ग़म और ख़ुशी के दरख़्तों में फ़ासला रखना
हमारे प्यार का गुलशन हरा भरा रखना

उजाला करने को दीपक जला लिया दिल में
अब इसकी आँच भी सहने का हौसला रखना

तुम्हारे हाथ से शीशा भी एक टूटा था
हमेशा याद वो छोटा सा हादसा रखना

मिलूँ जो राह में नज़रों को तुम झुका लेना
दुआ सलाम का रिश्ता यूँ ही सदा रखना

'मिज़ाज' आज वफ़ा को तेरी ज़रूरत है
जो हो सके तो निभाने का सिलसिला रखना

पलके बिछाये बैठा हूँ

शराफ़तों की हदों को सजाये बैठा हूँ
मैं दायरे में समन्दर बनाये बैठा हूँ

तमाम फूल चमन को सजाये बैठे हैं
मैं इक गुलाब पे ये दिल लुटाये बैठा हूँ

नज़ारो अब मेरी नज़रों से दूर हो जाओ
मैं उसकी राह में पलकें बिछाये बैठा हूँ

ज़माने भर के ये ग़म कुछ नहीं हैं मेरे लिये
मैं दिल पे इतनी बड़ी चोट खाये बैठा हूँ

वो आके दिल पे तसल्ली का हाथ तो रख दें
मैं अपने हाथ दुआ को उठाये बैठा हूँ

ग़ज़ल की शक्ल में दिल का पयाम निकलेगा
'मिज़ाज' लब पे तरन्नुम सजाये बैठा हूँ

है ना

तुम्हें भी तो किसी से प्यार है ना
ज़माना बीच में दीवार है ना

इसी को "इब्तिदा-ए-इश्क़"[1] समझो
ये जो दोनों में इक तकरार है ना

तड़पना जागना और राह तकना
मुहब्बत का यही किरदार है ना

हमें तन्हा सफ़र करना पड़ेगा
ये रस्ता ही बहुत दुश्वार है ना

चले जायें ये दुनिया छोड़ कर हम
मगर इसमें भी अपनी हार है ना

1. प्रेम की शुरुआत

लोरी से शहनाई तक

दुनिया की रौनक़ से होकर, मंदिर की तन्हाई तक
धीरे-धीरे हम पहुँचे हैं साहिल[1] से गहराई तक

आज ज़मीं के तेवर देखे, करवट से अँगड़ाई तक
टूट गये टाँके कपड़ों के, उधड़ गई तुरपाई तक

बेटी को पाला है हमने, लोरी से शहनाई तक
अब उसकी दुनिया है उसके अपने घर अँगनाई तक

किस की दुआओं से पहुँचे हैं हम इतनी ऊँचाई तक
शुहरत में तब्दील[2] हुई है अब अपनी रुसवाई[3] तक

मौसम के भी तेवर देखे, पतझर से अमराई तक
और हवा के रुख़ भी देखे, पछवा से पुरवाई तक

आज अदालत के चक्कर में अपना घर भी टूट गया
पीढ़ी दर पीढ़ी गुज़री है पेशी से सुनवाई तक

1. किनारा 2. परिवर्तित 3. बदनामी

तन्हाइयाँ निकलती हैं

ঌ•ঊ

मुहब्बतों में वो गहराइयाँ निकलती हैं
तुम्हारे झूठ से सच्चाइयाँ निकलती हैं

ये आग छुप नहीं सकती हज़ार परदों में
नक़ाब ओढ़ के रुसवाइयाँ निकलती हैं

ख़ामोश रात को चुपचाप मेरे आँगन में
तुम्हारी शक्ल में तन्हाइयाँ निकलती हैं

मेरे लबों से हमेशा कोई ग़ज़ल बन कर
तेरे जमाल की रानाइयाँ निकलती हैं

ये गर्मियों की तपी शाम ख़ूबसूरत है
अजब अदा से ये पुरवाइयाँ निकलती हैं

हिरन समझ के न पीछा करो ज़रा ठहरो
फ़रेब देने को परछाइयाँ निकलती हैं

'मिज़ाज' कितने ग़मों का गुमान होता है
जो गुनगुनाऊँ तो शहनाइयाँ निकलती हैं

वो भला मुहब्बत क्या?

तड़प की आह की आँसू की, अब शिकायत क्या
जो दिल को दर्द न दे वो भला मुहब्बत क्या

ये शीशा एक न इक दिन ज़रूर टूटेगा
तमाम उम्र करेगा कोई हिफ़ाज़त क्या

हराम की ये कमाई, ये बोतलें ये गिलास
हम अपने बच्चों को देंगे यही विरासत क्या

वही गवाह है मेरा वही है मुंसिफ़[1] भी
किसी वक़ील की यारो मुझे ज़रूरत क्या

किसी से मिलने की फ़ुर्सत नहीं किसी को 'मिज़ाज'
गई सलाम दुआ की भी अब रवायत[2] क्या

---

1. न्यायाधीश 2. प्रथा

ऐसी नदी भी देखी है

वो समन्दर से दूर रहती है
हमने ऐसी नदी भी देखी है

दूर से फुलझड़ी सी लगती है
पास जाओ तो हँसती रोती है

हम ग़रीबों की ज़िंदगी क्या है
एक जाला है एक मकड़ी है

क्या यही है मेरी नई दुनिया
एक तस्वीर धुँधली धुँधली है

अब ग़ज़ल की ज़ुबान पहचानो
ये न उर्दू है और न हिन्दी है

देख

ॐ•ॐ

रंग बिरंगी दुनिया है इस दुनिया का हर पहलू देख
तेरी आँखों से मैं देखूँ, मेरी आँखों से तू देख

गमलों के फूलों को अपने, कमरे में ही रहने दे
धूप लगी तो मुरझायेंगे, उड़ जायेगी ख़ुशबू देख

उनके घर में उजियारा है बस्ती में अँधियारा है
उजले कपड़े वालों का है कैसा काला जादू देख

मंज़िल की धुन में मत अंधा होकर दौड़ अरे पागल
ऊपर नीचे, आगे पीछे आजू बाज़ू हर सू देख

मैं ग़म के अश्कों को पीने का बरसों से आदी हूँ
आज ख़ुशी इतनी सी पाकर भर आये हैं आँसू देख

मेरे ख़ानदान की

ये ख़ून ये वफ़ा ये अना[1] ख़ानदान की
क़ीमत बहुत बड़ी है पुराने मकान की

मुझ पर इनायतें हैं कई साहिबान की
कुछ हैं ज़मीन वालों की कुछ आसमान की

अपने सफ़र का तन्हा मुसाफ़िर नहीं हूँ मैं
इज़्ज़त जुड़ी है मुझसे मेरे ख़ानदान की

दफ़्ना दिया गया था जिसे बेकफ़न कभी
तस्वीर पूजते हैं वो अब उस महान की

वो मुझको आज़मा के कड़ी धूप में रहा
मुझको ख़िजाँ[2] बहार लगी इम्तहान की

हिन्दी की अपनी शान है उर्दू की अपनी शान
दोनों ही आन बान है हिन्दोस्तान की

---

1. आन 2. पतझड़

फ़क़त उसको पता होता है

उससे बढ़कर भी कोई शेर भला होता है
जो निगाहों ने निगाहों से कहा होता है

दिल उड़ा करता है आज़ाद परिन्दों जैसा
और इन्सान रवायत से बँधा होता है

प्यार की चोट ज़माने को कहाँ दिखती है
जिसको लगती है फ़क़त[1] उसको पता होता है

काश माथे पे लिखा होता मुक़द्दर अपना
जिस तरह बन्द लिफ़ाफ़े पे पता होता है

इक ज़रा देर मुझे साँस तो ले लेने दे
शाम के वक़्त परिन्दा भी थका होता है

अपनी आवाज़ भी खो जाती है तन्हाई में
दिल के सन्नाटों में वो शोर बपा होता है

---

1. सिर्फ़

सितारे टूट जाते हैं

कभी ख़ुद अपने हाथों से पियाले छूट जाते हैं
कभी पीने पिलाने में ये शीशे टूट जाते हैं

हम इस धरती के बासी हैं अगर टूटे तो क्या ग़म है
फ़लक पर हमने देखा है सितारे टूट जाते हैं

बहुत कम लोग हैं ऐसे जिन्हें रहज़न मिले होंगे
ज़ियादा तर मुसाफ़िर को मुसाफ़िर लूट जाते हैं

वो पत्थर टुकड़े टुकड़े हो गया जो हमसे कहता था
जो शीशे जैसे होते हैं वो एक दिन टूट जाते हैं

क़दम रुकने नहीं देना सफ़र में ऐसा होता है
नये छाले उभरते हैं पुराने फूट जाते हैं

घर से जाता है दफ़्तर तक

मत ले जाओ सारी बातों को घर तक
बाहर की बातों को रक्खो बाहर तक

दिन की कड़वाहट को मीठे सपने दो
जब हम पहुँचें महके अपना बिस्तर तक

जीवन जीना कसरत करने जैसा है
कोशिश करना है बेहतर से बेहतर तक

सारी सड़कें मिल जाती हैं मिट्टी में
धँस जाते हैं मील के सारे पत्थर तक

अब दुनिया से क्या हमको लेना देना
इक रस्ता घर से जाता है दफ़्तर तक

कहाँ कहाँ

෴•෴

फैला हुआ है ज़हरे-सियासत[1] कहाँ कहाँ
करते फिरेंगे आप हिफ़ाज़त कहाँ कहाँ

बे ग़ैरती से हार न माने तो क्या करें
आती है दरम्यान शराफ़त कहाँ कहाँ

नादानियों में हमने जिसे खो दिया कभी
'पेश आ रही है उसकी ज़रूरत कहाँ कहाँ'

मंदिर बहुत हैं और बहुत सी हैं मस्जिदें
पूजा कहाँ कहाँ है इबादत कहाँ कहाँ

सब की ज़ुबाँ पे आज मेरे शेर आ गये
पहुँचा मेरा पयामे-मुहब्बत कहाँ कहाँ

सीखो नये ज़माने से कुछ बेतक़ल्लुफ़ी
माँगोगे तुम 'मिज़ाज' इज़ाज़त कहाँ कहाँ

---

1. राजनीति का ज़हर

लम्हे

ज़िंदगी थाम लिया करते हैं बढ़कर लम्हे
वक़्त आने पे बदलते हैं मुक़द्दर लम्हे

आ भी जा तुझको बुलाते हैं ये कहकर लम्हे
फिर न आयेंगे बहारों के मुअत्तर[1] लम्हे

हर घड़ी एक सा मौसम भी कहाँ रहता है
हैं कहीं फूल से कोमल कहीं पत्थर लम्हे

सब मियादी हैं यहाँ दोस्ती यारी सुख दुःख
किसने देखे हैं यहाँ उम्र से बढ़कर लम्हे

ज़िंदगी आज भी मसरूफ़[2] बहुत है लेकिन
हम चले आये तेरे पास चुराकर लम्हे

एक नाचीज़ को फ़नकार बना देते हैं
हासिले-उम्र हुआ करते हैं दम भर लम्हे

---

1. महकते हुये 2. व्यस्त

तुम उसे दुहराओ मत

मस्अला नाज़ुक बहुत है, इस तरह पेश आओ मत
जो बुझा सकते नहीं उस आग को भड़काओ मत

दिल बड़ा रक्खो कि सारे ग़म तुम्हें छोटे लगें
एक दिन अपना ज़माना आयेगा घबराओ मत

ये जो ख़ामोशी है इसको और कुछ समझो न तुम
ये मुहब्बत है, मुहब्बत को कभी ठुकराओ मत

इक नया इतिहास लिखने के लिये उट्ठो 'मिज़ाज'
हो गया जो हो गया अब तुम उसे दुहराओ मत

फ़ासला ही फ़ासला

मेरी ज़िद से तेरी हाँ तक फ़ासला ही फ़ासला
इस ज़मीं से आसमाँ तक फ़ासला ही फ़ासला

मैं जो तुझ से दूर हो जाऊँ तो लगता है मुझे
जिस्म से जैसे हो जाँ तक फ़ासला ही फ़ासला

रास्ते के पेड़ सर की धूप कम करते हैं बस
है जहाँ मंज़िल वहाँ तक फ़ासला ही फ़ासला

इक मुहब्बत से ही मुमकिन हैं सभी नज़दीकियाँ
इस जहाँ से उस जहाँ तक फ़ासला ही फ़ासला

नहीं आने वाला

मीरो-ग़ालिब सा सुख़नवर[1] नहीं आने वाला
अब ज़माना वो पलटकर नहीं आने वाला

उससे मिलना है तो मिलने का बहाना ढूँढो
चाँद की तरहा वो छत पर नहीं आने वाला

अब हमें खुद ही कोई राह बनानी होगी
अब कोई मील का पत्थर नहीं आने वाला

मैंने कुछ बन के दिखाने की क़सम खाई है
इससे पहले मैं तेरे घर नहीं आने वाला

तू मेरे क़त्ल पे हरगिज़ न परेशाँ होना
कोई इल्ज़ाम तेरे सर नहीं आने वाला

---

1. लेखक

क़लम से उतरे है

ꕥ•ꕥ

हमें जला के हमारे क़लम से उतरे हैं
ये लफ़्ज़ हैं कि शरारे[1] क़लम से उतरे हैं

मैं काइनात का नक़्शा बनाने बैठा तो
तरह तरह के नज़ारे क़लम से उतरे हैं

पढ़ूँ अगर तो चमकते हैं ये अँधेरों में
ये शेर हैं कि सितारे क़लम से उतरे हैं

हँसी की आड़ में सबसे छुपा के रक्खे थे
वो दर्द सारे के सारे क़लम से उतरे हैं

'मिज़ाज' शेर तेरे महफ़िलों की रौनक़ हैं
ख़मोशियों के सहारे क़लम से उतरे हैं

---

1. चिन्गारी

इतना बहुत रहा

ये और बात है मुझे सदमा बहुत रहा
दिल टूटने के बाद मैं ज़िंदा बहुत रहा

माना कि मेरे क़त्ल में दुश्मन शरीक थे
इसमें तुम्हारा हाथ भी थोड़ा बहुत रहा

मौसम भी मुझको झूठी तसल्ली न दे सका
ये दिल भरी बहार में दुखता बहुत रहा

मुझको ग़ज़ल ने हाथ बढ़ा कर उठा लिया
जीने के वास्ते मुझे इतना बहुत रहा

वैसे तो मेरे चाहने वाले हज़ार थे
मेरा 'मिज़ाज' था कि मैं तन्हा बहुत रहा

हर रोज़ नज़र आता है

ख़ूबसूरत सा वो इक ख़्वाब नज़र आता है
देखते देखते दिल प्यार से भर जाता है

इक महल ख़्वाब में हर रोज़ नज़र आता है
रोज़ बनता है मगर रोज़ बिखर जाता है

एक गुलशन सा बना रक्खा है दिल में हमने
शाम के वक़्त कोई रोज़ इधर आता है

आइना देख के एहसास हुआ है मुझको
आदमी अपनी ही परछाई से डर जाता है

मुझको ख़ामोश ही रहने दो यही है बेहतर
मेरी बातों में कोई तंज़[1] उभर आता है

---

1. व्यंग्य

ख़ाना ख़ाना हो गई

मेरी फ़ितरत जिस घड़ी से आशिक़ाना हो गई
ज़िंदगी उस दिन से मेरी शाइराना हो गई

राह पथरीली थी सर पर दोपहर की धूप थी
जाने किस की थी दुआ जो शामियाना हो गई

घर गृहस्थी दीनो-दुनिया, उस पे शौक़े-शाइरी
ज़िंदगी ऐसी बटी कि ख़ाना ख़ाना हो गई

मैं निबाहूँगा फ़ना होकर भी इसको अब 'मिज़ाज'
दर्द से पहचान मेरी दोस्ताना हो गई

दिये टिमटिमाये हैं

बरदाश्त की हदों से गुज़र कर हम आये हैं
हमने भी ज़िंदगी में बड़े ग़म उठाये हैं

मेरे चमन का एक भी पौधा हरा न था
सब आपकी दुआओं ने ये गुल खिलाये हैं

हल्की सी रौशनी है अँधेरों के साथ साथ
ये मेरे आँसुओं के दिये टिमटिमाये हैं

हैरत है, ख़्वाब है कि हक़ीक़त है ये 'मिज़ाज'
मुझको मनाने आज वही लोग आये हैं

तन्हाइयों में हम

पहुँचे कभी न प्यार की ऊँचाइयों में हम
क़द नापने में रह गये परछाइयों में हम

बचपन हमारा आज भी ज़िंदा है दोस्तो
छोटे हैं अपने घर में सभी भाइयों में हम

देखी जहाँ भी आग तो कूदे हैं आग में
शामिल हुये कभी न तमाशाइयों में हम

देखा है जब से आपको ख़ुद की ख़बर नहीं
शामिल हैं कब से आपके शैदाइयों में हम

महफ़िल में उनको शौक़ से सुनते हैं सब 'मिज़ाज'
ग़ज़लें जो रोज़ कहते थे तन्हाइयों में हम

नहीं आते

मुफ़लिस[1] हूँ मेरे नाज़ उठाने नहीं आते
अब लोग मुझे घर से बुलाने नहीं आते
अब दिल को नई आस बँधाने नहीं आते
सूखे हुये होठों पे तराने नहीं आते
देखा ही नहीं मैंने शबे-वस्ल[2] अभी तक
आँखों में कभी ख़्वाब सुहाने नहीं आते
दीदार की हसरत हमें लाती है यहाँ तक
हम तुमसे कोई प्यार जताने नहीं आते
पिघलेगा किसी रोज़ मुहब्बत की तपन से
पत्थर पे युँ ही फूल चढ़ाने नहीं आते
मिट्टी भी उठा लेते हैं टूटे हुये घर की
गिरते हुये लोगों को उठाने नहीं आते
उस पर भी ये आलम है कि भूला नहीं इक पल
जब कि वो कभी याद दिलाने नहीं आते
अब कैसे 'मिज़ाज' उन से मिलें सोच रहे हैं
मिलने के हमें कोई बहाने नहीं आते

काम ये पत्थर आये तो

सच्ची मुहब्बत का लोगों की आँख में मंज़र आये तो
तू जो कभी मेरी दुनिया में बन के मुक़द्दर आये तो

सिर्फ़ इसी जज़्बे की ख़ातिर मैंने तराशा है दिल को
मेरे नहीं तो और किसी के काम ये पत्थर आये तो

हम तो सफ़र से लाये न कुछ भी दिल भी बहुत रंजूर रहा
और फ़क़त वो इस पर ख़ुश थी लौट के तुम घर आये तो

उस को बाहों में भर लूँगा प्यार करूँगा जी भर के
एक क़दम भी मेरी तरफ़ वो आगे बढ़कर आये तो

मेरे ख़ुदा उसको भी मेरे जैसा दर्द अता करना
कोई अगर फैला कर दामन तेरे दर पर आये तो

ग़ज़ल कही जाये

शराब ऐसी पिलाओ कि होश खो जाये
सरे बहार न मौसम ख़िजाँ का याद आये

छतें तो टूटी थीं अब घर का घर शिकस्ता है
दुआ करो कि न अब ज़ोर की हवा आये

किसी तरह की हमें छाँव कब मयस्सर थी
हमारे हिस्से में बस धूप के शजर[1] आये

हमें तो पानी का रोना है और उन्हें ये है
कहीं शराब अमीरों को कम न पड़ जाये

तमाम दिन की थकन चीख़ने लगी है कि अब
ये धूप सर से चली जाये शाम हो जाये

'मिज़ाज' ऊब सी होने लगी है अब ग़म से
क़लम उठाओ कि ताज़ा ग़ज़ल लिखी जाये

---

1. पेड़

उर्दू के रिसालों को

ഗ•ര

तह कर के कहीं रख दे, रेशम के रूमालों को
बेहतर है भुला देना, गुज़रे हुये सालों को

अब गाँव हमारा भी हर गाम पे रौशन है
तरसे हैं कभी हम भी इन तेज़ उजालों को

तहज़ीब कोई बन कर तहरीर उभरती है
मैं शौक़ से पढ़ता हूँ उर्दू के रिसालों को

कहीं पर चाँदनी रौशन

तेरी चाहत की दिल में शम्अ है इक आज भी रौशन
है जिसकी रौशनी से ज़िदंगी में ज़िदंगी रौशन

ग़मे-दौराँ तो जुगनू है जो जलता बुझता रहता है
ग़मे-जानाँ की आतिश से रहेगी शाइरी रौशन

हमारा हौसला टूटा नहीं सौ हादसे गुज़रे
ग़मों की भीड़ में भी आज तक है ये ख़ुशी रौशन

ये क़ुदरत की निज़ामत है कहीं सहरा कहीं दरिया
कहीं पर धूप रौशन है कहीं पर चाँदनी रौशन

'मिज़ाज' अपना मुहब्बत की बदौलत शाइराना है
हमारा दिन भी रौशन है, हमारी रात भी रौशन

---

1. ज़माने का दुख 2. प्रेमिका का दुख 3. प्रकृति 4. संचालन

क़िस्मत सँवार दी जाये

किनारे बैठ के किस को पुकार दी जाये
अब अपनी कश्ती भँवर में उतार दी जाये

यही ख़याल है दिल का कि मौसमों की तरह
ख़िजाँ[1] के बाद फ़िज़ा[2] को बहार दी जाये

अभी कुछ और चमक माँगती है ये तस्वीर
लहू के रंग से सूरत सँवार दी जाये

उठा के राह के पत्थर को यूँ कहा उसने
चलो अब इसकी भी क़िस्मत सँवार दी जाये

उस एक भूल की इतनी बड़ी सज़ा तो न दो
कि सारी उम्र सज़ा में गुज़ार दी जाये

---

1. पतझड़ 2. वातावरण

क़ाफ़ियों की सदा

ये कह रही है खामोशी से वादियों की सदा[1]
छुटी हुई अभी मुझमें आँधियों की सदा

किसे ख़बर थी भला अपने आशियाने की
ज़मीं पे देर से आती है बिजलियों की सदा

कहीं भी जाऊँ बड़े प्यार से बुलाती है
ख़ामोश रात के साये में चूड़ियों की सदा

कोई तो है जो हमें याद कर रहा होगा
ये बात हमको बताती है हिचकियों की सदा

'मिज़ाज' तेरा सुख़न[2] बोलता हुआ फ़न है
इक एक मिसरे से आती है क़ाफ़ियों की सदा

---

1. आवाज़ 2. काव्य

कहीं पे पत्थर भी

बड़ा अजीब है यारो ये ग़म का मंज़र[1] भी
कि प्यास भी है इन आँखों में और समन्दर भी

तलाश करता हूँ तुझको सियाह रातों में
यही चराग़ है रौशन हवा से लड़कर भी

है फूल जैसा ये दिल आहिनी[2] इरादे हैं
कहीं पे मोम हूँ लेकिन कहीं पे पत्थर भी

हमीं को तिरछी निगाहों से देखते क्यूँ हो
तमाम लोग हैं दुनिया में हमसे बेहतर भी

1. दृष्य 2. फौलाद

क्या कुछ नहीं दिया

मेरी मुहब्बतों का सिला कुछ नहीं दिया
दुनिया ने रंजो-ग़म के सिवा कुछ नहीं दिया

अब हम उसे बताओ कहाँ ढूँढते फिरें
उसने तो अपना नाम पता कुछ नहीं दिया

हम भीगने के ख़ौफ़ से कुछ भी न पा सके
वैसे हमें बहार ने क्या कुछ नहीं दिया

तस्वीर तेरी मेज़ पे और ख़त दराज़ में
हमने किसी जगह से हटा कुछ नहीं दिया

इक शख़्स था 'मिज़ाज' उसे भूल ही गये
बाक़ी तो सब है याद भुला कुछ नहीं दिया

एक हम दम के

अश्क कहते हैं चश्मे पुरनम के
मुन्तज़िर हम हैं एक हमदम के

प्रेम के इस महीन धागे में
कोई मोती पिरो गया ग़म के

अब भी कानों में गूँज उठते हैं
तेरी पायल के बोल छम छम के

बामशक़्क़त है क़ैद भी अपनी
हम तो क़ैदी हैं ज़ुल्फ़े-बरहम[1] के

उनके आने का अब भी इम्काँ[2] है
साँस चलती है अब भी थम थम के

शेरे मेरे तमाम प्यासे हैं
मेरी आँखों की गर्म शबनम के

1. उलझी हुई ज़ुल्फ़ 2. संभावना

ख़ुशी से ही पाल रक्खा है

दिलो दिमाग को उलझन में डाल रक्खा है
हमारे सामने दिल का सवाल रक्खा है

तुम्हारी आस के मोती उसे चुगाता हूँ
परिंदा प्यार का मैंने भी पाल रक्खा है

सजा के हमने ग़ज़ल के इक एक मिसरे में
तेरा ख़याल तेरा ही जमाल रक्खा है

चकोर तुम तो बहुत ख़ुशनसीब हो लेकिन
हमारे चाँद ने घूँघट निकाल रक्खा है

नजूमियों की नज़र भी पहुँच नहीं सकती
हथेलियों पे वो नक़्शा निकाल रक्खा है

'मिज़ाज' हम तो ज़माने के ग़म उठाते हैं
ये शौक़ अपनी खुशी से ही पाल रक्खा है

ज़िंदा भी है?

क़त्ल के पीछे कोई क़िस्सा भी है
उसने अपने हाथ पे लिक्खा भी है

मेरा दुश्मन मेरे ही सीने में था
वो पशेमाँ[1] भी है शर्मिंदा भी है

आओ इन जिस्मों की नब्ज़े देख लें
इन मरे लोगों में इक ज़िंदा भी है?

इन पहाड़ों पर घने जंगल भी हैं
हौसला है तो वहाँ रस्ता भी है

1. पछतावे में

सब तुम हो

ख़ामोशियों में तुम्हीं हो, सदा[1] में अब तुम हो
ये दिल ग़ज़ल है तो समझो ग़ज़ल के लब तुम हो

तुम्हारे दम से उजाले हैं ग़म की दुनिया में
ये मेह्रो-माह[2] सितारे चराग़ सब तुम हो

लिपट गयीं हैं ये बेलें कुछ इस तरह अब के
पता नहीं है कि कब मैं हूँ और कब तुम हो

किसी की सिम्त[3] में नज़रें उठा के क्यूँ देखूँ
मेरा वजूद मेरा आइना ही जब तुम हो

हर एक शाम हमारे मिलन पे हँसती है
मैं दिन का आख़िरी हिस्सा, उभरती शब तुम हो

---

1. आवाज़ 2. चाँद सितारे, 3. ओर

नफ़रतों पे वार करना है

ꩰ•ꩱ

ज़िंदगी वीरान है गुलज़ार करना है
उम्र भर इक बेवफ़ा से प्यार करना है

काग़ज़ों के भी कलेजे फट गये आख़िर
अब क़लम में और कितनी धार करना है

ये ग़ज़ल इक लम्बी दूरी की मिसाइल है
इसका मक़सद नफ़रतों पे वार करना है

एक दुल्हन जिस तरह सजती सँवरती है
हर ग़ज़ल का इस तरह श्रृंगार करना है

इस नगर के आदमी भी पत्थरों से हैं
और हमें जज्बात का इज़हार करना है

हवाओं की चाल दे

ஐ•ஐ

थोड़ी सी आग उसके भी सीने में डाल दे
मुझको भुलाने वाले को मेरा ख़याल दे

कुछ फ़ायदा न होगा न माने तो रो के देख
दो चार बूँद और समन्दर में डाल दे

आवाज़ दे के देख चली आयेगी बहार
ख़ामोशियों को बोलते लफ़्जों में ढाल दे

हल ढूँढ़ने में अपनी सभी उम्र फूँक दें
इन पीढ़ियों को ऐसे न जलते सवाल दे

उस ज़ख़्म के लहू से मैं लिखता हूँ हर ग़ज़ल
ऐसा न हो कि कोई वो खंज़र निकाल दे

अपना सफ़र 'मिज़ाज' ज़ियादा तवील[1] है
क़दमों को अपने और हवाओं की चाल दे

---

1. विस्तृत

तुमसे कहा न था

ऐसा लहू तो आज से पहले बहा न था
कल तक हमारा ज़ख़्म तो इतना हरा न था

नफ़रत की ठोकरों से मुहब्बत को तोड़ना
ये तो किसी किताब ने तुमसे कहा न था

बरबादियों का नाम है हीरोशिमा डरो
फिर उस जगह पे एक भी गुन्चा खिला न था

हिन्दोस्तानियों की बड़ी शान थी कभी
पहले किसी से क़र्ज़ कोई माँगता न था

दोनों के दरमयान अना[1] हो गई 'मिज़ाज'
मुझको यक़ीं है कोई किसी से ख़फ़ा न था

---

1. अहम

मत करना

ཏ•ཏ

तुम अपने ग़म का कोई राज़दार मत करना
ग़मों में और नया ग़म शुमार मत करना

ये बात कोई शिकारी कहाँ समझता है
"थके हुये हैं परिन्दे शिकार मत करना"

गिरा सको तो गिरा दो ये नफ़रतों के महल
तुम अपने दिल में ज़रा भी दरार मत करना

ये काग़जों पे सुख़न[1] रहनुमाई[2] करता है
नज़र से इसको कभी दरकिनार मत करना

क़रार पाने की की कोशिश तो है फ़िज़ूल 'मिज़ाज'
तुम अपने दिल को कभी बेक़रार मत करना

1. लेखन 2. पथप्रदर्शन

मनाने कौन आयेगा

ঌ●ঙ

न होंगे हम तो फिर तुमको सताने कौन आयेगा
हँसाने कौन आयेगा रुलाने कौन आयेगा

तुम्हारे आँसुओं को पोंछने वाले तो हैं लेकिन
जो हम रोये तो समझाने बुझाने कौन आयेगा

ख़फ़ा होते हैं हम .खुद से मना लेते हैं हम .खुद को
हमें मालूम है हमको मनाने कौन आयेगा

ज़माना मतलबी है मतलबों की बात करता है
ग़ज़ल तुमको मुहब्बत की सुनाने कौन आयेगा

कोई क्या पायेगा?

वो गहराइयों तक न जा पायेगा
तुम्हारी जगह कोई क्या पायेगा

मुझे शाख़ से चुन लिया शौक़ में
तू जूड़े में मुझको सजा पायेगा

रवायत की जंज़ीर बाँधे हुये
कहाँ तक कोई साथ आ पायेगा

मुहब्बत ने मुझको ये समझा दिया
तू मुजरिम नहीं पर सज़ा पायेगा

मुहब्बत इबादत अक़ीदत यक़ीं
इन्हीं रास्तों से ख़ुदा पायेगा

पत्थर चटक गया

इक तीर एक पक्षी के दिल में अटक गया
निकली जो मुँह से आह तो पत्थर चटक गया

कहते हैं ये ग़ज़ल है उसी दर्द की कराह
जंगल की झाड़ियों में हिरन जब अटक गया

दुनिया में सबसे ऊँचा है लफ़्ज़ों[1] का ये पहाड़
कोशिश हज़ार करके क़लमकार थक गया

मुझको शिकम[2] की आग ने ज़िंदा जला दिया
गुरबत[3] की आँच में मेरा बच्चा भी पक गया

कोशिश भी तोड़ने की बहुत की गयी 'मिज़ाज'
लेकिन ये क्या कि शीशे से शीशा चिपक गया

---

1. शब्दों 2. पेट 3. ग़रीबी

आज तक नहीं भूले

भूलना भी चाहा था, कोशिशें भी की लेकिन, आज तक नहीं भूले
ज़िंदगी के कुछ लम्हे, ज़िंदगी के कुछ क़िस्से, ज़िंदगी के कुछ चेहरे

दिल में कुछ परिंदे हैं सब के सब ही ज़ख्मी हैं, मैंने पाल रक्खे हैं
इनमें ख़ासियत ये है, दिल से चिपके रहते हैं, और कहीं नहीं जाते

मेरे दिल में मत झाँको, दिल में और क्या है अब, मैं तुम्हें दिखाऊँ क्या
बेबसी की कुछ ग़ज़लें, बेकली की कुछ नज़्में कुछ घुटे हुये नग़्मे

ज़िंदगी तवाइफ़ सी, पहले रोज़ हँसती थी, और ख़ूब गाती थी
जबसे मैं हुआ मुफ़लिस[1], उसके पाँव के घुँघरू, अब कभी नहीं बजते

इक फ़कीर ने मुझको, एक दिन दुआ दी थी, जा तेरा भला होगा
और मैं उसी दिन से आज तक परेशाँ हूँ, मोल की दुआ ले के

हम 'मिज़ाज' सोना हैं, दोस्त हों कि दुश्मन हों सब हमें परखते हैं
आग की कसौटी पर, इम्तहान देने से, हम कभी नहीं डरते

1. निर्धन

तंग क्या होगी

ல•ಌ

वो बहारों का अंग क्या होगी
हर कली सुर्ख़ रंग क्या होगी

आँसुओं से हज़ार धो डालो
ग़म की चादर है तंग क्या होगी

दिल में रंजिश ठहर नहीं सकती
गर्म लोहे पे ज़ंग क्या होगी

अब उड़ानों में सोचना कैसा
कट गई तो पतंग क्या होगी

मेरा मक़्सद तो बस इबादत है
ये सियासत के संग क्या होगी

तू नक़ाबों में छुप के मिलता है
दोस्ती अंतरंग क्या होगी

है ग़ज़ल मेरी सात रंगों की
ये धनक एक रंग क्या होगी

मेरे क़दम

ꕥ●ꕥ

प्यार में जब उठ गये मेरे क़दम
क्यूँ न फिर राहे ग़ज़ल चुनते क़दम

हलचलें दरियाओं की बतलायेंगी
कितने भँवरों से लड़े मेरे क़दम

अपने घर से दूर कितने आ गये
याद आया तो मेरे ठिठके क़दम

ख़ुद ब ख़ुद सारी थकाने मिट गयीं
सरहदों के पार जब निकले क़दम

अब तो गाँवों में भी कारें घुस गयीं
मिट गये अजदाद[1] के नक़्शे-क़दम

---

1. पूर्वज

हमें रुकना नहीं आया

चमन में आ के उनको फूल भी चुनना नहीं आया
वो पायेंगे भी क्या जिनको कभी झुकना नहीं आया।

हमारा दोस्तों से दूर होने का सबब ये है
उन्हें चलना नहीं आया हमें रुकना नहीं आया।

न मैं सूरज न चंदा हूँ जो दिन या रात को चमकूँ
उजाले की मैं वो लौ हूँ जिसे बुझना नहीं आया।

ग़ज़ल के शेर सीने में ही घुट कर रह गये आख़िर
हमें कहना नहीं आया उन्हें सुनना नहीं आया।

बिखर न जायें कहीं

ꢳ•ꢴ

अश्क बन कर बिखर न जाये कहीं
मेरा दर्दे-जिगर न जाये कहीं

तेरी तस्वीर है निगाहों में
तुझसे हट कर नज़र न जाये कहीं

मैं तेरे प्यार में हुआ शाइर
या ख़ुदा ये ख़बर न जाये कहीं

मेरा तुझसे भी एक रिश्ता है
ये तआस्सुर[1] उभर न जाये कहीं

आँसुओं को ज़बान मत देना
बद्दुआ अर्श पर न जाये कहीं

उसका ग़म मेरी ज़िंदगी है 'मिज़ाज'
ये ख़ुशी भी बिखर न जाये कहीं

---

1. चेहरे का भाव

थक गया होता

ꩮ•ꩯ

प्यार के दर्द की गहराई तक गया होता
आप का दिल जो कहीं पर अटक गया होता

दिल मुझे ले के गया सातों आसमानों तक
अपने पैरों से मैं चलता तो थक गया होता

मैंने उस ज़ख़्म को सीने में सजा रक्खा है
आँसुओं से जो भिगोता तो पक गया होता

एक अँधे ने मेरी खोल दी आँखें वरना
रौशनी पा के मैं कबका भटक गया होता

ढूँढते फिरते हैं वो चाहने वालों को 'मिज़ाज'
काश हम पर भी कभी उनका शक गया होता

हुनर रखते हैं

ஐ•௸

आँधियों से भी निभाने का हुनर रखते हैं
जर्फ़[1] इंसाँ से ज़ियादा तो शजर[2] रखते है

ग़म के अश्कों से सदा रूह को तर रखते हैं
हम ख़िज़ाओं में बहारों की नज़र रखते हैं

हम इरादे कभी कमज़ोर न होने देंगे
हाथ फूलों के तो पत्थर का जिगर रखते हैं

हम समन्दर की तरह रहते है अपनी हद में
अपने सीने में सभी ज़ेरो-ज़बर[3] रखते हैं

माँ का साया हे मेरे सर पे दुआओं की तरह
लोग कब मुझको मिटाने में कसर रखते हैं

जब से वो दूर हुआ है तो हैं बेरंग 'मिज़ाज'
फिर भी तस्वीर बनाने का हूनर रखते हैं

---

1. सहनशक्ति 2. पेड़ 3. ज्वार भाटा

सब के नहीं

अदब नवाज़[1] हैं दुश्मन तो हम अदब[2] के नहीं
ये और बात है क़ाबिल किसी लक़ब[3] के नहीं

तुम्हारे दिल में हमारे लिये भी कुछ तो है
ये बेरूखी ये तग़ाफुल[4] बिना सबब के नहीं

किसी किसी पे ग़ज़ल मेहरबान होती है
जहाँ में ऐसे मुक़द्दस[5] नसीब सब के नहीं

ये मेरे ख़ून के आँसू गिरे हैं काग़ज़ पर
निशाँ किताब में मेरी किसी के लब के नहीं

वही, फ़ज़ा है वही पेड़ हैं वही मौसम
मगर वो पहले सी दिलकश बहार अब के नहीं

1. साहित्य आसक, 2. साहित्य 3. उपाधि 4. उपेक्षा 5. पवित्र

सितारों में आ गये

ಐ•ಌ

लफ़्जों में ढल के अश्क क़तारों में आ गये
दिल के तमाम दर्द नज़ारों में आ गये

अश्कों की गर्मियों ने बड़ा काम कर दिया
पत्थर पिघल के वक़्त के धारों में आ गये

चेहरें की रौनक़ें तो जवानी में छिन गयीं
दौरे-ख़िज़ाँ के नक़्श बहारों में आ गये

ऐसा जला ये दिल कि मुक़द्दर चमक उठा
हम जुगनुओं की शफ़ से सितारों में आ गये

कितनी बलन्दियों पे उन्हें ले गया 'मिज़ाज'
एहले-ज़मीं थे आज सितारों में आ गये।

ख़ुद को पाया था

उनकी महफ़िल से लौट आया था
हम न थे वो हमारा साया था

ये मुहब्बत की भूख ही समझो
हमने इक तीर दिल पे खाया था

कोई हैरत नहीं वो पहले भी
कब शरारत से बाज़ आया था

फिर हवाओं ने तार छेड़े थे
आज मैं फिर से गुनगुनाया था

जब मुहब्बत में खो दिया सब कुछ
हमने उस रोज़ ख़ुद को पाया था

ये 'मिज़ाज' उसको भी नहीं मालूम
दिल मेरा जिस हसीं पे आया था

हरा था हरा रहा

चेहरे पे दिखावे का तबस्सुम सजा रहा
पानी बग़ैर दिल मेरा दरिया बना हरा

मेरा यक़ीन साथ मेरे डूबता रहा
मेरा ख़ुदा रहा न मेरा ना .ख़ुदा रहा

काटा गया सियासी मशीनों से बार बार
ये मस्लहत का पेड़ हरा था हरा रहा

धनवान के घरों में जरूरत नहीं मेरी
मुफ़लिस की झोपड़ी का दिया सोचता रहा

सूरत जुदा है

ഇ•ര

फिर पुराना दर्द सीने में उठा है
फिर कोई शीशे का टुकड़ा चुभ गया है

टूट कर दोनों का तय था यूँ बिखरना
आइने से आइना टकरा गया है

ये दुआ है उसको सुख की नींद आये
वो मेरी आँखों में शब भर जागता है

उसको सर आँखों पे रक्खा है हमेशा
जो मुहब्बत से जमाने में मिला है

मैं तेरा हूँ मुझको सीने से लगा ले
क्यूँ मुझे चुपके से मुझसे माँगता है

इक समन्दर सा मेरा किरदार ठहरा
देखना है कौन मुझको लाँघता है

हैं 'मिज़ाज' आईना ग़ज़लें शक्ल जैसी
रंग है सबका जुदा सूरत जुदा है

दूरियाँ रह जायेंगी

क्या ख़बर थी रंजिशें ही दर्मियाँ रह जायेंगी
हम गले मिलते रहेंगे दूरियाँ रह जायेंगी

ये नगर भी कारख़ानों का नगर हो जायेगा
इन दरख़्तों की जगह कुछ चिमनियाँ रह जायेंगी

धीरे धीरे शोर सन्नाटों में गुम हो जायेगा
और सड़कों पर चमकती बत्तियाँ रह जायेंगी

रात जब अपने लिहाफ़ों में छुपा लेगी हमें
हाथ मलती और ठिठुरती सर्दियाँ रह जायेंगी

हमने सोचा था कि उनका हाथ होगा हाथ में
क्या ख़बर थी हाथ में बस चिट्ठियाँ रह जायेंगी

ये तमाशा और थोड़ी देर तक होगा अभी
फिर यहाँ बस ख़ाली ख़ाली कुर्सियाँ रह जायेंगी

आग थोड़ी देर को बुझ जायेगी लेकिन 'मिज़ाज'
राख के नीचे दबी चिंगारियाँ रह जायेंगी

लोग पलकों से उतरने नहीं देते मुझको

तुम कभी काम ये करने नहीं देते मुझको
दिल के शीशे में सँवरने नहीं देते मुझको

फूल होकर भी किसी काम न आता शायद
तुम जो ख़ुशबू सा बिखरने नहीं देते मुझको

अब मेरे पाँवों में काँटे नहीं चुभ पायेंगे
लोग पलकों से उतरने नहीं देते मुझको

अपनी मंज़िल की लगन और ये क़दमों के निशाँ
एक लम्हा भी ठहरने नहीं देते मुझको

अब भी पत्थर है

ꕥ●ꕥ

शोर आवाज़ से भी बढ़कर है
ख़ामुशी गुफ़्तगू से बेहतर है

मैं पहाड़ों को रौंद आया हूँ
अब मेरे सामने समन्दर है

मुझको सोना बना दिया उसने
वो तो पत्थर था अब भी पत्थर है

मेरी आहें भी सर्द निकली हैं
आग सीने में इतने अन्दर है

मेरी शुहरत पे हैरतें कैसी
चाँदनी धूप का ही पैकर है

इक ग़ज़ल तुम पे मेह्रबाँ हैं 'मिज़ाज'
ये सभी को कहाँ मयस्सर है।

---

1. रूप

तो क्या करोगे

ഊ●ര

लड़ेंगे आपस में भाई-भाई तो क्या करोगे
किसी ने तुम पर चलाई गोली तो क्या करोगे

फ़साद होगा लगेगा कर्फ़्यू तो हर्ज़ होगा
मिली न माँ को अगर दवाई तो क्या करोगे

किसी की नीयत का क्या भरोसा कहाँ पे फिसले
तुम्हारे घर में घुसे सिपाही तो क्या करोगे

मुझे बचाओ, मुझे बचाओ, मुझे बचाओ
कहीं से तुम को सदा ये आई तो क्या करोगे

तुम अपने आपस की जंग रोको ज़रा ये सोचो
पड़ोसियों ने जो की चढ़ाई तो क्या करोगे

चलना है

꧁•꧂

कुछ अपनी पहचान बना कर चलना है
इस दुनिया से नाम कमा कर चलना है

नफ़रत तेरा नाम मिटा कर चलना है
चाहत का पैग़ाम सुना कर चलना है

इक सपनों की दुनिया है, इक ये दुनिया
दो नावों में पैर जमा कर चलना है

किसको फ़ुर्सत है दुनिया के कामों से
थोड़ा थोड़ा वक़्त चुरा कर चलना है

एक लगन है मंज़िल पाने की अपनी
बस इतना सा बोझ उठा कर चलना है

चुभने वाले पत्थर काँटे चुन-चुन कर
रस्ते रस्ते फूल बिछाकर चलना है

सिर्फ़ सुनहरे अक्षर हों हर पन्ने पर
इक ऐसा इतिहास बना कर चलना है

कारगिल शहीदों के नाम

इतिहास लिख रहा है, वही फिर नया ज़माना
मेरे सब्र की कहानी, तेरे ज़ुल्म का फ़साना

कभी फिर न सर उठाये, इसे वो सबक़ सिखाना
जो दग़ा दे दोस्ती में, उसे क्या गले लगाना

ये हवा का रुख अनोखा, जो सभी ने आज देखा
कि इधर से दोस्ताना, है उधर से कातिलाना

कहीं जंग से किसी का, कभी कुछ भला हुआ है
कि लहू तो फिर लहू है, इसे यूँ न तुम बहाना

जो वतन पे मिट रहे हैं कोई जाके उनसे कह दे
ये पयाम शाइराना, ये सलाम शाइराना!

नाँदा न जल

ω●ω

वे वजह नफ़रत भरी लपटों में अय नाँदा न जल
जितनी जल्दी हो सके इस आग से बाहर निकल

ये वो रस्ता है जहाँ काँटे ही काँटे आयेंगे
दूसरों को देखकर तू अपना रस्ता मत बदल

दिल पे क़ाबू रख के ठंडा रख ज़रा अपना मिज़ाज
घर की हालत भी सँभल जायेगी पहले ख़ुद सम्हल

तेरे चारों ओर कीचड़ है तो तय है एक दिन
लोग साहिल से निहारेंगे यहीं खिलते कँवल

अब अँधेरी रात है तो फिर जला ग़म के चिराग
फिर क़लम काग़ज उठा लिख जगमगाती हुई ग़ज़ल

दिल में ही शिवाला है

पत्थर की इमारत में पत्थर के सिवा क्या है
दिल में है तेरे मस्जिद, दिल में ही शिवाला है

दिल में है तेरी चाहत आँखों में तेरी सूरत
भीतर भी उजाला है बाहर भी उजाला है

देखो तो अजब कितनी तासीर है आँसू की
बह जाये तो गंगा है, थम जाये हिमाला है

ग़ज़लों में मेरी शामिल गंगा भी है यमुना भी
हिन्दी ने मुझे जन्मा, उर्दू ने सम्हाला है

हिफ़ाजत को सिपाही चाहिये

कब कहा महँगी सुरा वाली सुराही चाहिये
हमको पानी से भरा बस इक घड़ा ही चाहिये

ज़ख़्म ख़ुद सारी कहानी कह रहे हैं जुल्म की
क्या करें फिर भी अदालत को गवाही चाहिये

वो शिकायत दर्ज कर लें तो ग़नीमत है बहुत
और तुम्हारी अर्ज़ है कि कार्यवाही चाहिये

वो हमारी क्या हिफ़ाज़त कर सकेंगे बोलिये
जिनको ख़ुद अपनी हिफ़ाज़त को सिपाही चाहिये

हमने जो देखा सुना उस पर ग़ज़ल कही दी 'मिज़ाज'
हमको तमग़ा चाहिये न वाहवाही चाहिये

दोनों से मुहब्बत करना

ജ•ഏ

जा रहा हूँ मेरे जाने का गिला मत करना
फिर न आऊँ तो न आने पे शिकायत करना

हर क़दम पर हैं शराफ़त के सिपाही मौजूद
इतना आसान नहीं ख़ुद से बग़ावत करना

उसका ग़म उतना ही प्यारा है कि जितना वो है
एक ही बात है दोनों से मुहब्बत करना

अपना दीवान तुम्हें सौंप के जाता हूँ 'मिज़ाज'
तुम मेरे बाद मेरे फ़न की हिफ़ाज़त करना

वो तराने हो गये

ꢂ•ꢃ

सैकड़ों तीरों के देखो हम निशाने हो गये,
जब से दुनिया की नज़र में हम सयाने हो गये।

आ गया तन्हाईयों से बात करने का हुनर,
बोल जो होठों पे आये वो तराने हो गये।

आपकी चाहत बुज़ुर्गों की दुआ, उनका करम,
धूप में ये मेरे सर पे शामियाने हो गये।

इक नई सी रौशनी है आसमानों पर 'मिज़ाज'
आज बाक़ी के सितारे सब पुराने हो गये।

ग़ज़ल के पैकर में

तू अन्जुमन तू तन्हाई में तू ही घर में,
तू ही ख़याले सुख़न में ग़ज़ल के पैकर[1] में।

हरेक याद की मछली तड़त तड़प उट्ठी,
ये किसने आग लगा दी मेरे समन्दर में।

तमाम उम्र बही आँसुओं में रो रो कर,
नमीं तलाश रहे थे हम एक पत्थर में।

किसी ने ख़ूबी-ए-इल्मो हुनर[2] नहीं देखी,
तमाम ऐब निकाले गये सुख़नबर[3] में।

कई चमकती हुई तितलियाँ लिपटती रहीं,
तमाम रात में सोया गुलों के बिस्तर में।

---

1. रूप , 2. कला की सुंदरता, 3. लेखक

ज़माने से क्या मुझे?

ဢ•ဢ

मतलब नहीं किसी से तुम्हारे सिवा मुझे,
तुम मेरे साथ हो तो ज़माने से क्या मुझे।

मुझको भी अपने आप से फुर्सत नहीं मिली,
उसको भी क्यां पड़ी थी कि वो पूछता मुझे।

अब तो ज़मीन पर हूँ न मैं आसमान में,
कैसी जगह पे आपने पहुँचा दिया मुझे।

कुछ देर को ज़मीन पे आया तो ये हुआ,
हर कोई अपने जैसा समझने लगा मुझे।

काग़ज क़लम के साथ सियाही भी की अता,
इल्मो-हुनर की रौशनी से भर दिया मुझे।

दीवार यहाँ कोई नहीं

ജ•ഝ

अब तो फूलों का तलबगार यहाँ कोई नहीं,
ऐसी चीज़ों का ख़रीदार यहाँ कोई नहीं।

पहले कुछ लोग हुये हैं ये सही है लेकिन,
अब वतन तेरा परस्तार यहाँ कोई नहीं।

सब के सब अपनी मसीहाई का दम भरते हैं,
हम ग़रीबों का मददगार यहाँ कोई नहीं।

सूखे होठों की तरह फट गयी प्यासी धरती,
और बरसात के आसार यहाँ कोई नहीं।

एक आँगन हैं मेरा रात के बिस्तर हैं कई,
ये ग़नीमत है कि दीवार यहाँ कोई नहीं।

तेरे आईने में है बात क्या

जो सफ़र की धुन में हो बावरा
उसे दिन है क्या उसे रात क्या
जिसे मंज़िलों की हो जुस्तजू
वो करेगा ख़ौफ़ की बात क्या।

मेरा क़त्ल करने की ठान ली,
मुझे डर नहीं किसी बात का
कि किसी को जान से मारना
है तुम्हारे हाथ की बात क्या।

मुझे तू समझ ही न पायेगा
मेरा अक़्स तुझमें न आयेगा
कभी आँसुओं से धुला नहीं
तेरे आईने में है बात क्या।

मेरा हमसफ़र भी बना रहा
वो मेरे ग़मों से जुदा रहा
है ये दोस्ती कोई दोस्ती
है ये साथ भी कोई साथ क्या।

ख़ूँ बेअसर ही सही

मुहब्बत की आतिश इधर ही सही,
मेरे ग़म से वो बेख़बर ही सही।

यूँ ही दिल में रह तू हमारे सदा,
तेरा घर है हम दर बदर ही सही।

मुहब्बत के साये तुम्हारे लिये,
हमें धूप का ये शजर ही सही।

ये मंज़िल हमेशा रहे ख़्वाब में,
मेरे नाम पर रह गुज़र ही सही।

मर्सरत की रातें मुबारक तुम्हें,
हमें इंतज़ारे-सहर ही सही।

मेरे शेर उन तक पहुँचते तो हैं,
कि पत्थर पे ख़ूँ बेअसर ही सही।

नहीं है मुक़द्दर में तू क्या हुआ,
तेरी जुस्तजू में गुज़र ही सही।

ये रास्ता कोई और है

वो मेरी दुआ कोई और थी, ये तेरी अता कोई और है,
जिसे मैंने माँगा मिला नहीं जो मुझे मिला कोई और है।

मेरी उम्र भर की तलाश है तुझे चाहना तुझे पूजना,
ये मेरे नसीब की बात है तेरा देवता कोई और है।

मेरी जब ज़मीं पे नज़र गयी, तो नदी जुनूँ की उतर गयी,
बड़ी दूर आ के पता चला कि ये रास्ता कोई और है।

ये क़लाम दिल का गुबार है जिसे तू समझता है शायरी,
मेरा हादसा कोई और है तेरा तब्सरा कोई और है।

मुझे हादसों ने सँवार के मेरा रंग रूप बदल दिया,
वो जो मिट गया कोई और था जो बचा रहा कोई और है।

न सुनाओ ग़म की वो दास्ताँ जिसे सुनके ऐसा लगे मुझे,
ये मेरी ग़ज़ल के ही शेर हैं जिन्हें कह रहा कोई और है।

मेरी ग़ज़ल तो नहीं

आने वाला सुनहरा कल तो नहीं
देखना वो मेरी ग़ज़ल तो नहीं

ख़ुदकुशी ग़ैर शाइराना है
ये किसी मस्अले का हल तो नहीं

ये खंडर कितना खूबसूरत है
ये मेरे ख़्वाब का महल तो नहीं

कहती है हाथ की ये रेखायें
ज़िंदगी इस क़दर सरल तो नहीं

कुछ मिलेंगी तितलियाँ

रोकती हैं रास्ता जब लाल पीली बत्तियाँ,
याद आती हैं मुझे वो गाँव की पगडंडियाँ।

इस नगर के शोर में हैं किसको फुर्सत जो सुने,
मस्जिदों की वो अज़ाने मंदिरों की घंटियाँ।

फिर वही बस्ते वहीं स्कूल बस का इंतिज़ार,
ख़त्म होने जा रही है गर्मियों की छुट्टियाँ।

आपका कोई फ़ोन नंबर हो तो लिखवा दीजिये,
वक़्त ले लेती है कितना आती जाती चिट्ठियाँ।

इस सदी का उस सदी से किस तरह होगा मिलन,
आदमी के सामने हैं गुत्थियाँ ही गुत्थियाँ।

सैर करने के बहाने आओ गुलशन में चलें,
कुछ वहाँ भँवरे मिलेंगे कुछ मिलेंगी तितलियाँ।

वही पत्थर निकला

ЖЭ●ଔ

हाये अफसोस मेरा कैसा मुक़द्दर निकला,
मैं जिसे पूज रहा था वही पत्थर निकला।

रास्ता जो भी गया ग़म की किसी मंज़िल पर,
तोड़कर मुझको मेरे घर से गुज़र कर निकला।

तू कभी अपना समझकर तो पुकारेगा मुझे,
मैं तेरी राह से ये सोच के अक्सर निकला।

दिल मेरा तोड़ के मुड़कर भी न देखा उसने,
कैसे शीशा मेरी आँखों से पिघलकर निकला।

मुझको दो घूँट तसल्ली के पिला भी न सका,
कितना मजबूर वो सपनों का समन्दर निकला।

हर घड़ी छाया रहा हम में मुहब्बत का जुनूँ,
वो समा दिल से न आँखों से वो मंज़र निकला।

अब तेरे क़त्ल का इल्ज़ाम मुझी पर रख दो,
वो मेरे दोस्त मेरे यार का ख़ंज़र निकला।

आदमी यूँ तो हूँ मैं दोस्तो रंगीन 'मिज़ाज'
दर्द मेरा मेरे शेरों में उभरकर निकला।

खनक गयी होगी

फ़स्ल ज़ख़्मों की पक गई होगी,
हर कली अब चटक गयी होगी।

सब ने पूछा कि क्या हुआ शीशा,
दूर तक वो खनक गई होगी।

ये मकाँ बारिशों में जलता है,
कोई बिजली लपक गयी होगी।

आज उसने मुझे सलाम किया,
इक दुआ अर्श तक गयी होगी।

वो ख़ुशी मेरे घर नहीं आयी,
रास्ते में भटक गयी होगी।

हिन्दुस्तान की चाहत

मुहब्बत अम्न ख़ुशहाली ये हर इन्सान की चाहत
ये हिन्दुस्तान की चाहत ये पाकिस्तान की चाहत

ये सारी सरहदें बन जायेंगी पुल देखना इक दिन
पुकारेगी कभी इन्सान को इन्सान की चाहत

फ़क़त कश्मीर क्या सारा वतन तुमको मुबारक हो
अभी देखी कहाँ है तुमने हिन्दुस्तान की चाहत

हम इन्साँ हैं तो बस इन्सानियत का धर्म अपनायें
यही है राम की चाहत यही रहमान की चाहत

इरादे नेक रखना और मंज़िल पर क़दम रखना
यही गीता की चाहत है यही क़ुरआन की चाहत

कमी महसूस होती है

ꕤ•ꕤ

मुहब्बत की वो शिद्दत आज भी महसूस होती है।
पुरानी चोट है लेकिन नई महसूस होती है।

जुदाई में मिलन की तिश्नगी महसूस होती है।
मुझे ग़म में उमीदों की ख़ुशी महसूस होती है।

मेरी आँखों में तू ख़्वावों में तू साँसों में तू ही तू,
न जाने फिर भी क्यूँ तेरी कमी महसूस होती है।

मुझे आराम मिलता है तेरी ज़ुल्फ़ों के साये में,
कि सब छाँवों से ये छाँवों घनी महसूस होती है।

अगर छूना भी चाहूँ तो तुझे मैं छू नहीं सकता,
कोई दीवार राहों में खड़ी महसूस होती है।

मैं जब बिस्तर पे जाता हूँ कभी तन्हा नहीं रहता,
कोई शय मुझको सीने से लगी महसूस होती है।

ये कैसी आँच है सर्दी के मौसम की हवाओं में,
बदन में क्यूँ लहू की सनसनी महसूस होती है।

मैं शाइर हूँ मुझे शुहरत कभी बहला नहीं सकती,
ग़ज़ल कहने में ही मुझको ख़ुशी महसूस होती है।

मेरा लिखा रह जायेगा

ꕥ•ꕥ

राब्दा दिल से तेरा इतना बचा रह जायेगा,
दोस्ती के नाम पर इक दाग़ सा रह जायेगा।

नाम क़ातिल का मेरे मुझसे न पूछो दोस्तो,
होंठ तक आयेगा लेकिन फिर रुका रह जायेगा।

पीठ पर ख़ंज़र सजे होंगे मेरे एहबाब के,
मैं गुज़र जाऊँगा और ये हादसा रह जायेगा।

जब उसे इख़लास के फूलों तले रौदूँगा मैं,
ये अदावत की अदा वो देखता रह जायेगा।

जानना पहचानना फिर तौलना मुझको 'मिज़ाज'
मैं चला जाऊँगा और मेरा लिखा रह जायेगा।

तू मिटाये तो मैं मिटा करूँ

है दुआ मैं ऐसी अदा बनूँ रुख़े यार पर ही रहा करूँ,
कभी फूल बनके खिला करूँ, कभी अश्क बन के हँसा करूँ।

मेरी आरज़ू है फ़क़त यही तेरा गीत बनके रहूँ सदा,
तेरे दिल से निकलूँ अगर कभी तो तेरे लबों पे सजा करूँ।

मेरा ये वजूद हो कम से कम, कहीं रेत पर किसी नक़्श सा,
तू बनाये तो मैं बना करूँ तू मिटाये तो मैं मिटा करूँ।

मैं तमाम याद के मोतियों को रखे हूँ आँखों की क़ैद में,
तेरा हुक्म मुझको मिले अगर तो मैं क़ैदियों को रिहा करूँ।

कुऐ भी रीत गये

ꢿ●ꣀ

मेरी आँखों के ताल रीत गये,
अब तो सावन के दिन भी बीत गये।

मैंने सूरत दिखाई, हार गया
वो मुखौटा लगा के जीत गये।

हम समझते थे जिनकी थाह नहीं,
आज ऐसे कुँए भी रीत गये।

दिल की बाज़ी का कुछ हिसाब नहीं
कितने हारे हैं, कितने जीत गये।

ज़रा धीरे धीरे पिला मुझे

कोई है अगर तो है बस यही, मेरी ज़िंदगी से गिला मुझे
मेरे दिल में कोई सदा रहा, मगर आज तक न मिला मुझे।

मैं तेरे चमन का ही फूल हूँ, तेरी रहमतों से भरा हुआ
मेरे पास तो मेरा कुछ नहीं जो दिया है तूने मिला मुझे।

कभी चाँद तारों के रूप में, कभी जुगनुओं की क़तार में
वो तमाम भेष बदल बदल के तमाम रात मिला मुझे।

सरे-आम तुझ पे बरस पड़ें ये महकते फूलों की बारिशें,
मैं मुहब्बतों का दरख़्त हूँ तू बढ़ा के हाथ हिला मुझे।

ये जो शुहरतों की फुहार है, बड़ी मीठी मीठी शराब है,
अभी रिन्द हूँ मैं नया नया ज़रा धीरे धीरे पिला मुझे।

क्यूँ किसी ने पढ़ा नहीं

मैं समन्दरों का मिज़ाज हूँ अभी उस नदी को पता नहीं,
सभी मुझसे आके लिपट गयीं, मैं किसी से जाके मिला नहीं।

मेरे दिल की सिम्त न देख तू किसी और का ये मुक़ाम है,
यहाँ उसकी यादें मुक़ीम हैं ये किसी को मैंने दिया नहीं।

मुझे देखकर न झुका नज़र न किवाड़ दिल के तू बंद कर,
तेरे घर में आऊँगा किस तरह के मैं आदमी हूँ हवा नहीं।

मेरी उम्र भर की थकावटें तो पलक झपकते उतर गयीं,
मुझे इतने प्यार से आज तक किसी दूसरे ने छुआ नहीं।

मेरे दिल को ख़ुशबू से भर गया वो क़रीब से यूँ गुज़र गया,
वो मेरी नज़र में तो फूल है उसे क्या लगा मैं पता नहीं।

ये मुक़द्दरों की लिखावटें जो चमक गयीं वो पढ़ी गयीं,
जो मेरे क़लम से लिखा गया उसे क्यूँ किसी ने पढ़ा नहीं।

ये 'मिज़ाज' अब भी सवाल है कि ये बेरुख़ी है कि प्यार है,
कभी पास उसके गया नहीं कभी दूर उससे रहा नहीं।

ग़ज़ल कहे वो ज़ुबान दे

सभी नफ़रतों को थकान दे,
वो मुहब्बतों की उड़ान दे।
मेरी वहशतों को लगाम दे,
जो ग़ज़ल कहे वो ज़ुबान दे।

मैंने जिस ज़मीं पे ग़ज़ल कही,
वो किसी के नाम लिखी सही।
मेरी शाइरी उसे मान दे,
मेरा हर्फ़ हर्फ़ लगान दे।

मेरी पुस्तकों पे तेरा लिखा,
मेरे आँसुओं ने मिटा दिया।
जिसे उम्र भर न मिटा सकूँ,
मुझे प्यार का वो निशान दे।

वो क़बा न दे

ॐ●ॐ

मुझे चाहने दे यूँ ही सदा, तू भले वफ़ा का सिला न दे,
ये ग़ुनाह है तो बता ज़रा, कहा मैंने कब कि सज़ा न दे।

मैंने मंज़िलों की सदा सुनी, इन्हीं तेज़ लहरों के शोर में,
मैं तमाम दूर निकल चुका, मुझे साहिलों से सदा न दे।

मुझे बादशाहे ख़ुदी बना, तू मुहब्बतों के लिबास से,
मुझे सब फ़क़ीर का नाम दें, मेरे जिस्म को वो क़बा[1] न दे।

न मैं दिल का दर्द सुना सकूँ न मैं आँसुओं को बहा सकूँ,
जो गरज सके न बरस सके मुझे ग़म की ऐसी घटा न दे।

---

1. चोला

इतना बिस्तर से प्यार क्या करना

सादगी से न कुछ गिला करना,
हमने सीखा नहीं बुरा करना।

जब सफ़र ही सफ़र की मंज़िल है,
वक़्त का इंतज़ार क्या करना।

मंज़िलें ख़्वाब बनके रह जायें,
इतना बिस्तर से प्यार क्या करना।

मेरे हिस्से में चंद ग़ज़लें हैं,
क़ाग़जों का हिसाब क्या करना।

चाहने वाला न पाओगे

မ•ଓ

मस्जिद नहीं मिलेगी, शिवाला न पाओगे,
दिल जैसा कोई पाक हवाला न पाओगे।

हमने तमाम रंजिशें दिल से निकाल दीं,
अब इस मकाँ में एक भी जाला न पाओगे।

लेकर चराग़ ढूँढ लो सारे जहाँ में तुम,
हम जैसा कोई चाहने वाला न पाओगे।

आँखों से छलकती हुई मय पीजिये 'मिज़ाज',
ऐसी शराब ऐसा पियाला न पाओगे।

ग़ज़ल बन के आने लगी

रात दिन जागना भागना भूलकर,
ज़िंदगी प्यार के गीत गाने लगी,
ख़्वाब में जब से आने लगा है कोई,
शाम ही से मुझे नींद आने लगी

कोई बरसात में इक धनक की तरह,
अपनी सूरत दिखाकर ग़ज़ब कर गया,
सात रंगों के गुल राह में खिल गये,
जिनकी ख़ुश्बू ग़ज़ल बन के आने लगी।

एक एहसास सीने में ऐसा जगा,
मन के सोये हुये सारे सुर जग गये,
अब हवा भी अगर मेरे तन को छुए,
मन की वीना से झंकार आने लगी।

दर बदर ही रहे कोई अपना न था,
कोई वीरान आँखों का सपना न था,
अब तो दुनिया से कोई शिकायत नहीं,
वो हमारी ग़ज़ल गुनगुनाने लगी।

इसी डगर के क़रीब

ꕤ•ꕤ

जो घूमता था कभी आप ही के घर के क़रीब,
वो शख़्स आग में लिपटा है इक शजर के क़रीब।

वो छुप के बैठा है देखो भरम के बादल में,
नज़र कभी नहीं आया रहा नज़र के क़रीब।

अब और लोग इसी रास्ते से आयेंगे,
डगर इक और बना दूँ इसी डगर के क़रीब

यही दुआ है मेरे डूबते हुये दिल की,
किसी की कश्ती न आये कभी भँवर के क़रीब।

'मिज़ाज' आज वो गहरी सी नींद आयी है,
मेरी दुआयें पहुँचने लगीं असर के क़रीब।

किताब बाक़ी है

ख़िज़ाओं में भी बहारों की ताब बाक़ी है,
मेरे चमन में अभी इक गुलाब बाक़ी है।

अभी तो मैंने फ़क़त इन्तिसाब[1] लिक्खा है,
अभी तो सारी की सारी किताब बाक़ी है।

ठहर गया है ये पानी पहाड़ आने से,
तहों में इसकी अभी इज़्तिराब[2] बाक़ी है।

अँधेरा होने से पहले ही लौट जाऊँगा,
अभी तो सर पे मेरे आफ़ताब[3] बाक़ी है।

कुछ और दिन मुझे हिम्मत से काम लेना है,
मैं जानता हूँ अभी कुछ हिसाब बाक़ी है।

---

1. भूमिका, 2. हलचल, 3. सूरज